Jules Sandeau.

MARIANNA.

LIBRAIRIE DE CHARLES GOSSELIN,
Rue St-Germain-des-Prés, 9.

1839.

MARIANNA.

PARIS. — IMPRIMERIE DE P. BAUDOUIN,
Rue et hôtel Mignon, 2.

MARIANNA.

PAR

JULES SANDEAU.

Deuxième édition.

PARIS,
LIBRAIRIE DE CHARLES GOSSELIN,
Rue St-Germain-des-Prés, 9.

1839.

I

La nuit était mauvaise. Le brouillard, qui tout le jour avait enveloppé Paris, venait de s'abattre en une pluie fine et pénétrante. Les quais étaient déserts, la ville silencieuse, et les pavés, lavés par l'eau du ciel, brillaient sous les réverbères tristement balancés par le vent. On n'entendait que le bruit de la Seine qui battait de ses flots houleux les remparts de pierre qui l'enferment, et, à longs intervalles, le pas mesuré des patrouilles errantes qui s'appelaient et se répondaient dans l'ombre. Il faisait une de ces nuits fatales à la douleur qui veille, durant lesquelles les âmes souffrantes et craintives pressentent leur destinée dans le deuil qui les entoure, la lisent dans la nuée qui passe, l'écoutent dans le vent qui gémit.

Cette nuit, si sombre à l'extérieur, était plus lugubre encore dans la chambre de George Bussy. Nonchalamment étendu dans un fauteuil à dos mobile et à siége élastique, George contemplait avec un calme apparent les cendres du foyer presque éteint. Debout dans l'embrasure d'une fenêtre, une femme, à demi cachée par les rideaux de soie, semblait interroger de son regard mélancolique quelqués lumières attardées, pâles étoiles qui luisaient encore à travers les combles de la ville endormie. Assis devant le piano, un troisième personnage laissait ses doigts courir sur le clavier : c'était un jeune homme qui comptait vingt années à peine, mais dont le front, déjà rêveur, révélait une de ces âmes de bonne heure prêtes pour la souffrance. Tous trois étaient silencieux; mais le silence qui pesait sur eux, comme une atmosphère orageuse, disait assez que la tempête grondait sourdement dans ces trois cœurs.

— Henry, dit enfin George Bussy, tu fais depuis une heure un bruit insupportable; et lors même que nous aurions des nerfs d'acier ou de platine, ce ne serait point une raison pour en abuser de la sorte.

A ces mots, prononcés d'un ton à la fois affectueux et boudeur, le jeune homme étouffa brusquement la dernière vibration du piano sous ses doigts, devenus immobiles. Il se leva sans répondre, et, s'approchant de la fenêtre, il en souleva le double rideau, et prit, avec une pitié muette, la main de la femme qui s'y tenait cachée. Cette main était mouillée de pleurs. Henry la porta à ses lèvres, et l'y tint long-temps embrassée.

— Chère et pauvre créature! dit-il en la pressant doucement sur son cœur.

— Bien misérable! répondit-elle avec un morne désespoir; Henry, dites bien misérable! Voyez comme la nuit est sombre : il n'y a pas une étoile au ciel.

— Espérez, lui dit le jeune homme; le soleil chassera les nuages; le bonheur essuiera vos larmes.

— Ah! poète! dit-elle en secouant tristement la tête.

Et elle éclata en sanglots.

George se leva avec un brusque mouvement d'impatience. Marianna l'entendit. Elle passa précipitamment son mouchoir sur ses yeux, rajusta sur son front ses cheveux épars, et, se dégageant des plis de lampas qui l'enveloppaient, elle marcha vers Bussy, la mort dans le cœur, mais le sourire sur les lèvres. Elle était noble et belle, belle surtout de la beauté que lui avait enlevée la douleur.

— Pardonnez, lui dit-elle, George, pardonnez-moi. J'avais promis de vous cacher mes larmes; je suis lâche! Parfois mon cœur se brise, et toute force m'abandonne. Mais voyez, je souris; voyez, je suis heureuse. Je ne pleurerai plus. Voulez-vous que je chante? Je n'ai point oublié les airs qui vous charmaient. Dites un mot, et je retrouverai, pour vous plaire, ma gaîté des anciens jours. O beaux jours! Mais tu me les rendras; car tu es bon, George; je sais que tu es bon, et tu ne veux pas que je meure. Ami, regardez-moi: c'est votre esclave qui vous prie ; ne voyez-vous pas ma bouche qui vous sourit et vous appelle?

Et, se levant sur la pointe de ses petits pieds, elle se dressa vers Bussy, comme une gazelle grimpant aux flancs noirs d'un rocher aride.

Bussy déposa un baiser glacé sur le front de la belle suppliante, et, dénouant froidement les bras qu'elle lui avait jetés autour du cou :

— Eh! non, sans doute, je ne veux pas que vous mouriez! D'ailleurs, sachez donc bien, ma chère, qu'on ne meurt pas de ces choses-là.

La malheureuse cacha son visage dans ses mains ; puis, tombant aux genoux de Bussy, les cheveux en désordre, les yeux en pleurs, la poitrine haletante :

— Monsieur, monsieur, vous ne m'aimez plus! cria-t-elle.

CHAPITRE I.

— George, dit Henry, froid de colère, en lui serrant le bras, vous êtes un méchant homme!

— Mes amis, dit George impassible, tâchons de ne point faire de mélodrame : le meilleur n'en vaut rien. Marianna, relevez-vous. Rassurez-vous, mon enfant, je vous aime. Quant à toi, Henry, tu n'es bon tout au plus qu'à faire de mauvais vers. Attends, pour juger les hommes et les choses, que tu aies secoué tes langes. Ta main se fatigue inutilement à me serrer le bras. Prends un siège, et sois calme. Spectateur d'une des scènes les plus difficiles de la vie, observe et médite; elle ne t'empêchera pas de faire des sottises quand l'heure aura sonné pour toi.

— Marianna, poursuivit-il avec un impitoyable sang-froid, je vous aime tendrement. Quel que soit l'avenir que le sort nous réserve, ma pensée vous suivra partout, et ni l'oubli, ni l'ingratitude ne flétriront les souvenirs dont vous avez fleuri les derniers jours de ma jeunesse.

— Vous m'aimez! dit Marianna avec amertume. Ah! monsieur, si tel est votre amour, je préférerais votre haine.

— Veuillez ne point m'interrompre, car voilà déjà que nous ne nous entendons plus. Je vous aime, mais je n'ai point d'amour. C'est là, mon enfant, ce qu'il vous faudrait bien comprendre. Lorsque mon bon et votre mauvais ange nous offrirent l'un à l'autre pour la première fois, je cédai, en sollicitant votre tendresse, à un horrible sentiment d'égoïsme. Je sortais brisé de l'âge des passions; vous y entriez à pleines voiles. Rien n'arrive à temps. Nous ne naissons point assortis. Il n'est pas de cœurs jumeaux. Les jeunes et belles âmes n'ont que des sœurs vieilles et laides. On a comparé l'âme solitaire à la moitié d'un fruit qui cherche son autre moitié ; ces deux moitiés ne se rencontrent que lorsque l'une d'elles est gâtée. Que voulez-vous ? La vie est ainsi faite : nous passons tous par les mêmes épreuves, et toujours nous nous vengeons sur ceux qui nous aiment de ceux que nous avons aimés. Puissiez-vous ne jamais comprendre le sens de ces tristes paroles ! Mais vous subirez la commune loi ; vous vieillirez, hélas ! et vous sentirez alors combien les turbulentes ardeurs d'un cœur jeune et rempli d'orages sont importunes au cœur fatigué qui n'aspire plus qu'au repos. Et peut-être alors me pardonnerez-vous ; peut-être essaierez-vous un retour moins sévère sur ces jours abreuvés de vos larmes ! Comme vous, j'ai souffert ; comme vous, j'ai maudit ; c'est qu'alors, comme vous à cette heure, je ne comprenais rien ; j'ignorais que la victime pût faire envie à son bourreau : vous m'avez enseigné l'indulgence. Le ciel m'est témoin que je ne cherche point à m'absoudre! En vous attirant vers moi, je fus criminel, je le crois. Je vous trompai : disons mieux, je me trompai moi-même. L'orgueil, la tristesse, l'ennui, mais aussi vos grâces, votre beauté, puis l'enivrant espoir de ressaisir les années envolées m'entraînèrent à votre perte, et je sentis un instant sous mes cendres remuer le feu divin de la jeunesse. M'étais-je donc entièrement abusé? Vous-même ne sauriez l'affirmer sans être ingrate envers le passé. Oui, Marianna, je vous ai bien aimée. Vous avez ravivé dans mon sein des ardeurs près de s'éteindre; vous avez rendu à mon précoce automne les verts rameaux de mon printemps, et peut-être avez-vous gardé souvenir de quelques beaux jours éclos sous mon pâle soleil, réchauffés aux rayons du vôtre? Eh bien! vous l'avouerai-je? vous m'avez lassé. Vous commenciez la vie, et moi, je l'achevais. Il fallait à la vôtre les secousses de la passion ; à la mienne, les molles allures d'un sentiment heureux et calme. Je cherchais la paix ; vous appeliez la tourmente. Aussi, que de sombres journées pour quelques heures sereines! Les soupçons, les transports jaloux, les pleurs et les sanglots, les reproches amers, vous ne m'avez rien épargné, et vos orageuses tendresses eurent bientôt épuisé les forces d'une âme à peine convalescente. Ai-je assez lutté? ai-je assez combattu? Me suis-je consumé en assez longs efforts pour vous cacher le découragement et l'indigence de mon cœur? Vous, mon enfant, vous n'avez rien compris ; vous n'avez demandé que les trésors qui n'étaient plus en moi ; et, vous indignant de ne pas les trouver, sans pitié pour moi, sans pitié pour vous-même, vous avez rejeté les modestes félicités que je pouvais encore vous offrir. Vous voyez que depuis long-temps

nous faisons tous deux un métier de dupes.
Vous ne pouvez rien pour mon bonheur; je
ne puis rien pour le vôtre : la tempête ne dort
jamais sous notre toit. Marianna, il faut en
finir! Je suis cruel, je le sais; mais il est des
plaies qu'on ne guérit qu'en y portant le fer et
la flamme. Votre passion me brise et me tue;
ma vie a d'autres exigences. Je vous suis sincèrement
attaché; je vous estime et je vous
aime; mais la froide raison qui vous parle dit
assez que l'amour ne vit plus en moi.

Pâle et le front baissé, Marianna écoutait
ces rudes paroles; et George, appuyé contre
le marbre de la cheminée, les bras croisés,
grave et inflexible, ressemblait à Minos jugeant
une ombre échappée à la terre.

— George, répondit avec douceur la créature
désolée, ce n'est pas moi qui cherchai votre
amour; mais Dieu, qui m'entend, et vousmême,
vous ne l'ignorez pas, sait que je ne

vous accuse point. Le passé, fût-il réparable, tel que vous me l'avez fait, je l'accepterais encore, et ne voudrais en effacer que vos mauvais jours. Si pourtant, comme vous le dites, je fus parfois injuste et méchante, si je tourmentai votre repos, s'il est vrai que mes exigences aient troublé votre vie, soyez généreux, oubliez. Je ne serai plus désormais qu'une esclave soumise et résignée. Aimez-moi comme vous pourrez, je ramasserai avec reconnaissance les miettes de votre cœur; mais ne me repoussez pas. Voyez, ce n'est plus une amante irritée qui se plaint : c'est une femme repentante qui vous implore, qui baise vos mains, qui s'attache à vos genoux, et qui, pour prix de tous ses dévoûmens, n'attend rien que le droit de se dévouer encore.

Et, en parlant ainsi, elle s'était emparée des mains de George, et elle les couvrait de baisers. George ne put réprimer un mouvement d'humeur et de colère. Il avait compté sur l'orgueil blessé de sa maîtresse; mais l'amour n'a point d'orgueil, il embrasse les pieds qui le foulent.

— Voilà bien comme vous êtes toutes! s'écria-t-il en marchant à grands pas dans la chambre, comme un vieux lion dans sa cage. Vous êtes toutes ainsi! répéta-t-il en s'arrêtant devant Marianna, qui baissa humblement la tête. Vous avez fait du dévoûment une véritable maladie. Vous ne doutez de rien, vous ne calculez rien ; vous allez follement au-devant de tous les sacrifices, et, si nous sommes assez stupidement égoïstes pour les accepter, vous vous vengez vous-mêmes un beau jour par la haine et par le mépris. Pensez-vous que j'ignore comment ces choses-là se passent? D'ailleurs, vous n'avez point consulté vos forces : songez que depuis six mois chaque jour éclaire sous notre toit une lutte semblable, et que vous oubliez chaque jour vos larmes, vos remords et vos promesses de la veille. — Marianna, croyez-moi, poursuivit-il d'un ton plus affectueux; croyez ma triste expérience. Notre amour a donné toutes ses fleurs, tranchons-le dans le vif, avant qu'il rapporte des fruits trop amers. Réservons, pour nos vieux ans, un banc de mousse où nous pourrons nous retrouver amis et échanger de tendres paroles; préparons un champ sans ivraie à la fleur de nos souvenirs. Il en est temps encore; demain, peut-être, il sera trop tard. Déjà je suis dur et cruel. Prenez garde! bientôt vous haïrez : de l'amour à la haine la distance est facile à franchir.

— Ainsi, monsieur, dit Marianna, vous me proposez une séparation?

— Je vous propose de dénouer nos liens :

aimez-vous mieux attendre qu'ils se brisent?

— Mais, George, vous n'y songez pas, répondit Marianna avec une ineffable expression de douleur et de tendresse; ou peut-être, sans le vouloir, vous aurais-je fait du mal, et c'est pour me punir que vous me parlez de la sorte. Vous avez vos mauvais jours, ami; vous êtes irritable et bien cruel parfois pour cette femme qui vous aime! Comment se peut-il faire que vous traitiez si durement une femme qui vous aime tant! Comment se fait-il aussi que moi, qui donnerais ma vie avec joie pour épargner un chagrin à la vôtre, je vous offense, vous blesse et vous irrite? Dites, tout ceci n'est-il pas étrange et misérable? Mais il faut me pardonner ainsi que je vous pardonne; car vous me connaissez comme je vous connais. Oh! je vous connais bien! Quoi que vous puissiez dire, vous êtes un noble cœur, et vous ne voudriez pas abandonner une pauvre créature qui a tout quitté pour vous suivre.

— Qui parle de vous abandonner? répliqua Bussy en haussant les épaules. Voilà déjà que vous tombez dans des exagérations qui n'ont pas le sens commun! Que diable, ma chère, on peut cesser d'être amoureux sans devenir une bête fauve : cela se voit tous les jours. Que vous proposé-je? De nous affranchir mutuellement d'un joug qui nous écrase, de dénouer d'un commun accord des liens qui nous blessent, de nous délivrer l'un l'autre d'une chaîne qui nous meurtrit. Je ne sache pas qu'il y ait là-dedans rien qui ressemble à un abandon prémédité. Nous ne sommes point dans l'île de Naxos, et les lamentations d'Ariane seraient ici fort déplacées. Libres une fois, serons-nous moins amis? Non sans doute. Serons-nous plus heureux? Je le crois. Vous comprendrez, Marianna, combien les joies paisibles de la sainte amitié sont préférables aux bonheurs tourmentés de l'amour; vous verrez qu'il nous sera doux, après tant d'orages, de nous reposer enfin dans un sentiment calme et durable. Qu'y aura-t-il de changé dans notre affection? La forme, et rien de plus; toujours le fond restera le même. Enfant! qui a pu croire que je voulais la délaisser! A votre tour, vous êtes cruelle. Ne suis-je pas votre frère? Vous serez ma sœur bien-aimée. Dites, ne le voulez-vous pas?

— Ah! Marianna! ah! pauvre Marianna! dit-elle en croisant ses mains avec désespoir.

— Tu vois, Henry, dit George avec un profond découragement; c'est tous les jours la même chose!

— Et c'est lui qui se plaint! s'écria Marianna en se tordant les bras; et c'est lui qui m'accuse, lorsque moi je pleure et je supplie! Ah! sans doute, vous êtes martyr! C'est moi, n'est-ce pas, qui soufflai dans votre cœur des ardeurs criminelles? C'est moi qui vous enseignai l'oubli des devoirs; qui vous attirai par de trompeuses espérances; qui, après avoir égaré votre esprit confiant et crédule, vous arrachai au foyer domestique, à la famille, à la patrie; moi, n'est-ce pas, qui promis de vous rendre en amour tous les biens que vous abdiquiez formellement pour me suivre? Enfin, monsieur, c'est moi qui, après avoir brisé tous vos liens, appelé sur votre tête la haine et le mépris du monde, et creusé autour de vous une éternelle solitude, vous délaisse lâchement dans le désert où je vous ai jeté!

— Vous maniez l'ironie avec une grâce parfaite, répondit George; mais vous me calomniez ou vous me vantez, à coup sûr; vous oubliez que parfois la docilité de la victime simplifie singulièrement le rôle du sacrificateur.

Marianna se leva, le regard en feu, les lèvres pâles et tremblantes.

— Il faut bien se dire, poursuivit-il nonchalamment, qu'en pareille occurrence les hommes sont beaucoup moins scélérats qu'on ne l'imagine généralement. On présume trop de nous-mêmes. Si les complices étaient plus rares, nos victimes seraient moins nombreuses.

— George, dit Henry d'un air sombre, vous outragez la plus noble et la plus infortunée de toutes les créatures.

— Mais tu es donc infâme! s'écria Marianna en appuyant une main sur l'épaule de Bussy. Cœur ingrat, âme vile! tu me fais horreur, et je te hais, et je te haïrais plus, si je te méprisais moins!

— Madame, répondit Bussy en s'asseyant tranquillement, je crois qu'il serait convenable de nous en tenir là. Il est fâcheux qu'entre gens de quelque savoir-vivre ces sortes de choses ne se passent point d'une façon plus digne et plus décente. C'est moins la manière de se prendre que celle de se quitter qui distingue les amours du salon de ceux de l'antichambre. Au reste, madame, je sais tout le bien que vous avez voulu me faire, et tout le mal que je vous ai fait. Je sais...

— Tu ne sais rien, interrompit impérieusement Marianna. Pour toi, j'ai tout renié, honneur, vertu, considération, toutes les gloires de la femme : voilà ce que tu sais. Mais sais-tu, malheureux, dans combien de remords et de larmes s'est roulé ce cœur navré, après sa chute? Sais-tu les ombres vengeresses qui ont assailli ma solitude, les voix accusatrices que m'a fait entendre le vent de la nuit? T'ai-je offert de partager avec moi la colère du ciel? Les cris de ma conscience ont-ils troublé ton repos? T'ai-je laissé des

cendre dans les abîmes tourmentés de mon
âme? Dis si mon regard n'a pas toujours
souri à ton réveil, si ta présence n'a pas
toujours égayé mon humble toit, s'il t'est
jamais arrivé de ne pas lire ta bienvenue sur
mon visage? Puisque voilà que tu m'outrages, que pensais-tu donc, misérable? Que
j'étais une de ces femmes qui portent légèrement la honte, et que tu pourrais, à ton caprice, dénouer cet amour suivant la loi des
amours vulgaires? Tu t'abusais, maudit!
J'ai trempé mon chevet de mes pleurs ;
quand la joie te souriait sur mes lèvres, un
serpent me rongeait le sein. Ah! que tu les
as bien vengés, ceux que j'ai follement délaissés pour toi, colosse d'ingratitude! Ah!
que Dieu t'avait bien choisi pour me perdre
et pour me punir, instrument fatal de ma
destinée! Oui, mon Dieu, je fus criminelle,
mais vous savez aussi que j'ai bien expié mes

fautes! Mon Dieu, j'ai bien souffert, vous le
savez, Seigneur! Les Anges de la douleur
ont dû porter jusqu'à vous les sanglots de
mon repentir. Vous savez tout ce que cette
âme désolée a nourri de regrets dévorans, et
de sombres tristesses, et de pensées amères!
Mais toi, qu'en savais tu ? Dans cet enfer où
tu m'avais plongée, as-tu surpris parfois un
retour de mon cœur vers les biens que tu
m'avais ravis? Je ne t'en ai jamais rede-
mandé qu'un seul, cruel : c'était ton amour,
ton amour que tu m'avais juré, toujours
jeune, brûlant, éternel! Parle, ne l'avais-je
pas acheté par d'assez rudes sacrifices? N'a-
vais-je pas à ta tendresse des droits sacrés
et légitimes? Toi, réponds, qu'as-tu fait pour
moi? Parjure, tu ne m'as point aimée; lâche,
tu me repousses; infâme, après m'avoir brisée, tu me jettes l'injure et l'outrage?
George, c'est bien, poursuis ton œuvre! le

jour de la justice arrivera, et nos comptes seront réglés devant Dieu et devant les hommes.

— Je crois, répondit Bussy, que Dieu se mêle rarement de ces sortes d'affaires ; quant aux hommes, il est à souhaiter qu'ils s'en mêlent plus rarement encore. Au reste, madame, je me soumets d'avance et sans murmurer à l'arrêt de mes juges, et, qu'elle qu'en soit la rigueur, j'en apprécierai l'indulgence. Insensé que j'étais, d'avoir pu croire un instant que votre bonheur habitait en moi, et que la fatalité s'était lassée de me poursuivre! Allez, chargez un misérable de tout le poids de votre colère : oubliez que je souffre, oubliez mes douleurs pour ne vous rappeler que mes crimes; accablez-moi de votre exécration; foulez-moi aux pieds de votre mépris. Peut-être cependant méritai-je quelque pitié ; peut-être aussi pouviez-vous me laisser le soin de votre propre haine, car je ne saurais vous être plus odieux que je ne le suis à moi-même.

— O mon unique amour ! ô ma vie ! ô mon Dieu ! s'écria la pauvre égarée en tombant aux pieds de son bourreau : c'est moi qui suis une misérable femme, c'est moi qu'il faut haïr, c'est toi qu'il faut aimer ! Tiens, je suis à tes genoux que j'embrasse, et c'est là que je veux mourir si tu ne m'appelles sur ton cœur. Tu souffres, mon George ? qu'as-tu ? Aurais-tu des chagrins que je ne puisse guérir ? Tu souffres, et moi je t'accusais ! Va, sois dur, sois impitoyable : n'es-tu pas bien le maître et ne suis-je pas ta servante ? Henry, je ne veux pas que vous le contrariiez ; je veux que vous le laissiez faire ; mais toi, laisse-moi t'aimer, et tu me verras heureuse entre les plus heureuses, et tant d'amour te touchera peut-être. Voyons, ne boude pas, souris un peu à ton esclave : ne retire pas ta main de la mienne. Permets moi de pleurer, tu vois bien que c'est de bonheur. Tu ne me dis rien, George? tu me repousses? Vous m'en voulez, ami? Que vous ai-je reproché? j'étais folle. Que m'importe le monde? Vous savez bien que pour vous j'aurais quitté le ciel avec joie.

— Mon enfant, soyez donc raisonnable, dit George en la relevant d'assez mauvaise grâce. Quand même vous eussiez quitté le ciel, les choses d'ici-bas n'en auraient pas moins eu leur cours. Le temps nous entraîne avec lui et nous modifie à notre insu : chaque âge a ses passions, ses besoins, ses devoirs; c'est là depuis six mois ce que vous ne voulez pas comprendre. Il en est de la nature morale comme de la nature extérieure : toutes deux ont leurs saisons dont aucune puissance ne saurait intervertir l'ordre immuable et nécessaire. Vous aurez beau vous révolter contre la main qui gouverne le monde, vous ne ferez pas que l'hiver se couronne de fleurs ni que le ciel gris de l'automne s'embrase des feux du cancer. Je vous avais juré une flamme éternelle, et nous devions nous aimer toujours. Oui, sans doute, toujours! Mais, croyez-moi, de tous les amans qui ont commencé par promettre l'éternité à leurs transports, bien heureux ceux-là qui, après avoir vu deux fois les coteaux jaunir et les bois s'effeuiller, ont pu se retrouver assis au coin du même foyer! Toujours! demandez aux vieillards, vous les verrez sourire. Dites que cette vie est triste : triste, en effet, vous répondrai-je. Mais c'est la vie, qu'y pouvons-nous? A quoi bon s'irriter contre le flot qui nous emporte? Il est plus fort que nous, et nous allons! Comme vous, j'ai rêvé des amours sans fin et d'inépuisables tendresses. Comme moi, vous arriverez un jour à sentir que les sources de la passion tarissent, et que l'amour n'est pas l'histoire de l'existence toute entière. Quoi que vous fassiez, vous n'échapperez point aux mortelles influences que nous subissons tous, et peut-être alors, faisant la part des funestes circonstances qui nous ont perdu tous les deux, réduirez-vous mes crimes à de pardonnables erreurs. Oui, Marianna, oui, écrions-nous ensemble que l'amour seul est grand, que l'amour seul est beau. C'est le soleil de la jeunesse et le rêve des nobles âmes. Pourquoi passe-t-il, hélas! quand nous restons? pourquoi nous survivons-nous à nous-mêmes? pourquoi nous étendons-nous tout vivans dans le cercueil de nos illusions? Ma pauvre enfant, que voulez-vous? Le soleil pâlit, les arbres se dépouillent, la mer quitte ses bords; tout fuit, tout meurt, rien n'est durable. Les poètes ont écrit là-dessus une foule de belles choses.

La tempête gronda long-temps encore, tantôt sourde, tantôt furieuse. Long-temps encore, Marianna lutta de tout son amour ; tantôt humble et résignée, tantôt éclatant en reproches; passant tour à tour de la prière à l'invective, tour à tour suppliante et terrible. Mais tout fut inutile! vainement la vague caressa le roc ou le battit avec fureur, le roc ne bougea pas. Il se faisait à longs intervalles d'affreux silences, durant lesquels on n'entendait que les sifflemens de la bise, la pluie qui fouettait les vitres, les heures qui sonnaient tristement dans l'ombre, puis tout-à-coup un sanglot étouffé, un cri de désespoir qui partait du sein de Marianna et donnait le signal d'une lutte nouvelle. Et à chaque nouvelle crise, c'étaient des paroles plus aigres, des récriminations plus amères, d'incroyables oublis de dignité d'une part, de l'autre, un oubli plus incroyable encore des égards dus à la faiblesse; des retours sanglans sur le passé, de déplorables imprécations telles que la haine n'en inspira jamais de semblables, si bien que le jeune homme qui contemplait cette scène de désolation sentait une froide horreur qui lui courait dans les os. Plus d'une fois il avait essayé de mettre un frein à l'emportement de George, mais toujours sa faible voix s'était perdue dans les grondemens de la tourmente. Debout, dans l'embrasure d'une fenêtre, les traits pâles et défaits, une main enfoncée dans sa poitrine qu'elle semblait serrer avec rage, il contemplait les deux acteurs de ce drame avec une indéfinissable expression de douleur et de volupté. Parfois, un funeste éclair de joie passait sur son front, et alors on aurait pu croire qu'il se repaissait avec délices des tortures de Marianna. Parfois aussi un horrible sentiment de souffrance lui contractait le visage; et alors, à voir son œil ar-

CHAPITRE I.

dent attaché sur Bussy, on eût dit une jeune hyène prête à s'élancer sur sa proie. Ces divers mouvemens n'échappaient point à Bussy, qui, après les avoir remarqués à peine, avait fini par les observer avec une attention inquiète, et par attacher sur Henry un regard perçant et scrutateur.

Pour cet enfant qui n'avait encore entrevu la vie qu'à travers les songes d'une imagination enchantée, pour cette âme virginale qui avait peuplé le monde de ses rêves et répandu sur toutes choses les mystérieux parfums de sa jeunesse; pour ce cœur pieux et croyant, qui ne s'était promis sans dou e que des affections éternelles, qui s'était dit que les amours commencés sur la terre allaient se continuer au ciel, ce dut être en effet un lamentable spectacle que ce dernier combat d'une passion agonisante. Spectacle, toujours et pour tous, digne d'une pitié profonde! Il semble qu'entre gens d'esprit, d'honneur et de belles manières, qui ont échangé les trésors de leur estime et de leur tendresse, de pareilles ruptures doivent s'effectuer avec une exquise élégance. Mais rarement il en arrive ainsi. Pour que ces liens se dénouent au lieu de rompre, pour les dénouer, comme avait dit Bussy, d'une façon digne et décente, il faut nécessairement une mutuelle indifférence. Mais par cette loi fatale qui veut que nous nous cramponnions à tous les biens qui nous échappent, tout cœur, en se détachant de son compagnon de chaîne, ne fait que se le river plus étroitement à lui-même. D'abord, la lutte est sourde et silencieuse, la souffrance se cache et se tait; long-temps les pensées amères, comme la lie, gardent le fond du vase. Mais bientôt l'orage gronde : d'une part la patience se lasse, de l'autre la passion s'aigrit; la lie monte et bouillonne à la surface. Et c'est alors qu'on perd toute réserve et toute retenue ; c'est alors qu'abdiquant toute pudeur et toute dignité, on flétrit le passé, on insulte au présent, on ruine l'avenir ! Les paroles acérées se croisent, les mots qui tuent volent dans l'air. Est-ce deux ennemis prêts à se déchirer l'un l'autre? Non : ces lèvres se sont unies dans un même baiser, ces yeux dans un même regard, ces âmes dans une même ivresse; c'est deux amans qui s'étaient promis de vieillir dans un même amour. Oui, toujours et pour tous, spectacle bien dignes d'une pitié profonde !

———

Tout était redevenu silencieux. Assis au coin du foyer, Bussy remuait les cendres moins froides que son cœur. Henry tenait dans ses mains la tête de Marianna. L'infortunée ne pleurait plus : elle était dans cet état où la douleur affaissée n'a plus conscience d'elle-même. Bientôt le jour se leva, sale et terne, et glissant à travers les rideaux, fit pâlir la lampe qui avait éclairé cette nuit lamentable. La ville reprenait ses mouvemens accoutumés; les magasins s'ouvraient, les voitures roulaient, les mille cris de Paris criblaient déjà l'air du matin. Tout ce réveil de la cité rappela péniblement Marianna à la vie, et la frappa d'une morne stupeur. Notre âme, en se brisant, croit entraîner la ruine du monde, et s'indigne, dans son orgueil, quand elle voit qu'elle n'a même pas troublé une mesure de l'harmonie universelle.

— Monsieur, dit Marianna d'une voix altérée, mais calme, je crois qu'au point où nous en sommes, il serait convenable de nous restituer l'un à l'autre les lettres échangées en des temps moins mauvais; je compte sur votre délicatesse.

George ouvrit une boîte de cèdre, y prit un paquet sous enveloppe, scellé d'un triple cachet, et le remit silencieusement à Marianna.

— Il vous eût été bien facile de les garder! dit-elle avec un sourire plein de mélancolie.

— Ma foi! répondit George un peu confus, je n'y ai pas songé : mais si vous voulez me les rendre, je les conserverai avec toute la religion du souvenir.

Marianna sourit plus tristement encore; puis elle rompit le triple cachet. L'enveloppe, en s'ouvrant, laissa s'exhaler le parfum des jours heureux, cet enivrant parfum que les amans connaissent seuls. Marianna prit une des lettres, l'offrit à la lampe qui brûlait encore, et presque aussitôt la flamme, franchissant sa prison de verre, embrasa la lettre qui l'avait appelée. La pauvre délaissée la jeta tout en feu dans le foyer, puis toutes les autres, lentement, une à une, cherchant ainsi à reculer l'instant de la séparation éternelle, pleine de doute encore et d'espoir, et croyant que chaque minute allait lui apporter sa grâce. Elle contempla long-temps les lignes étincelantes qui couraient sur le papier noirci; mais voyant enfin que George était inexorable, comprenant que tout était fini, elle s'enveloppa de son châle, elle parcourut de son regard cette chambre où elle était résolue à ne plus rentrer jamais, elle envoya à chaque objet un bien long, un bien triste adieu, puis se tournant vers Henry :

— Mon enfant, accompagnez-moi, lui dit-elle.

Sa démarche était chancelante. Près de franchir le seuil, elle abandonna brusquement le bras qui la soutenait, et, revenant encore une fois à Bussy :

— George, lui dit-elle avec dignité, nous ne pouvons nous quitter ainsi; séparons-nous, mais noblement. Que cette heure soit l'heure suprême! mais laissez tomber sur moi un mot de consolation, et ce cœur que vous avez brisé tressaillera encore d'allégresse. S'il est vrai que vous m'ayez aimée, s'il est vrai que j'aie mis dans votre vie quelques joies dont le souvenir vous soit cher, George, au nom de cet amour que je n'ai pas su garder, au nom de ces joies qui sont ma gloire et ma richesse, regardez-moi sans colère, et, si je vous ai fait du mal, dites que vous me pardonnez.

George était une nature brusque, emportée, mais ni méchante ni cruelle. Il ne s'était résigné au rôle odieux qu'il venait de jouer qu'après avoir épuisé tous les remèdes indulgens. La nécessité seule l'avait poussé aux moyens extrêmes. Las de souffrir, souffrant surtout des tortures de sa victime, dominé d'ailleurs par des exigences qui n'étaient plus celles de l'amour, il s'était dit que mieux valait en finir d'un seul coup que de traîner sur les cailloux, à travers les ronces, deux existences misérables : il s'arma d'un féroce courage, et la pitié, autant que l'égoïsme, le fit impitoyable. Et puis, il faut convenir que parfois la victime abuse tellement de la patience du bourreau, qu'il est impossible à l'indifférence la plus philosophique d'échapper, en luttant contre les obsessions de l'amour, à une certaine irritabilité nerveuse qui prend toutes les allures d'un tempérament brutal. Les femmes elles-mêmes n'en sont point exemptes; seulement, d'une organisation plus faible et plus tendre que la nôtre, elles osent rarement nous exécuter de leurs blanches mains ; suppléant la rudesse par la perfidie, elles nous versent à petites doses le poison qui nous tue, et laissent presque toujours à notre successeur le soin de nous signifier l'arrêt qui nous condamne en dernier ressort. Quoi qu'il en soit, George n'entendit pas sans émotion les dernières paroles de Marianna; tant de douleur et d'humilité le touchèrent. Il pressa de ses mains attendries la tête de l'infortunée sur sa poitrine ; son cœur de glace se fondit et sa paupière aride s'humecta.

Ils restèrent long-temps ainsi, et, témoin de leurs muets adieux, debout sur le seuil de la porte, Henry les contemplait d'un air sombre, mêlé d'une anxiété jalouse et d'une avide curiosité.

II

George, aussitôt qu'il se trouva seul, fut inondé par le sentiment de sa liberté reconquise. Il se leva, ouvrit la fenêtre de sa chambre et respira l'air à pleins poumons. Libre! il était libre! Il sentit avec délices la brume fine et glacée que le vent lui soufflait au visage ; il s'enivra des brouillards de la Seine. Jamais le ciel embaumé des prairies ne lui avait semblé plus joyeux ni plus pur qu'en cet instant l'atmosphère humide et sombre qui pesait sur Paris et l'enveloppait comme d'un linceul. Libre! libre enfin! Sa liberté coûtait bien des pleurs, mais sa joie de prisonnier qui voit tomber ses chaînes ne fut altérée par aucun remords, et l'image de Marianna ne vint point en troubler l'ivresse. George était une de ces natures de fer que parfois la jeunesse dore d'un éclat passager, mais auxquelles le frottement du monde ne laisse que le rude métal avec lequel Dieu les a façonnés. L'expérience de la vie avait développé chez lui une logique froide et tranchante, inaccessible à la passion. Fataliste en amour, il supposait dans l'ordre moral une série de faits nécessaires, tout aussi inévitables que les phénomènes de la nature.

extérieure, et sa conscience n'admettait pas qu'en brisant la vie d'une femme, ainsi qu'il venait de le faire, un homme pût être plus coupable que l'orage qui brise une fleur. Système merveilleux pour absoudre l'égoïsme et l'ingratitude! Mais s'il est de nobles âmes chez lesquelles la douleur, au lieu de les tarir, ravive toutes les nobles sources, il en est d'autres aussi, moins pures et moins divines, que la souffrance dessèche, et qui se pétrifient dans leurs larmes. Pareilles à la menthe et à la verveine, plus on foule aux pieds les premières, plus elles exhalent leurs suaves odeurs. Les autres ressemblent à ces plantes moins généreuses qui parfument bien la main qui les caresse, mais qui, écrasées une fois, ne donnent plus que des senteurs amères.

L'enivrement de Bussy fut court, et le souvenir d'Henry se glissa bientôt, comme un ver rongeur, dans sa joie. Tous deux étaient nés sous le même ciel, dans la même ville, presque sous le même toit. Leurs familles avaient été unies entre elles par une de ces affections qui naissent porte à porte et se transmettent de génération en génération : affections héréditaires qu'on ne rencontre guère qu'en province, où toutefois elles sont plus rares que les haines, les inimitiés et les divisions de tout genre qui peuplent les quatre-vingt-six départemens de Guelfes et de Gibelins, de Capulets et de Montaigus. Leurs mères avaient joué dans le même berceau. Amies d'enfance, elles avaient grandi, et leur amitié avec elles. Toutes deux s'étaient mariées à la même époque, avec l'espoir d'unir un jour le fils et la fille qui devaient naître infailliblement et tout exprès pour ce double hymen. Mais les mariages projetés de si loin ont naturellement peu de chances d'aller à l'église. L'une d'elles mourut en donnant la vie à un fils; l'autre adopta ce fils dans sa tendresse, et George put croire qu'il n'avait pas perdu sa mère. Madame Felquères semblait décidée à ne jamais connaître autrement les joies de la maternité, lorsqu'elle sentit remuer dans ses flancs le fruit tardif d'un amour qui n'en espérait plus. Henry vit le jour : deux lustres et plus avaient passé déjà sur le front du jeune Bussy. Par une étrange fatalité, les deux mères devaient mourir de la même mort. Madame Felquères ne se releva point des angoisses de l'enfantement. Après avoir traîné durant quelques mois une douloureuse existence, elle reconnut que sa fin était proche, et comme George était à son chevet qu'il baignait de ses pleurs, elle lui dit de douces paroles d'adieu, entremêlées de sages avertissemens. Tout son désespoir, en mourant, était d'abandonner son fils sans autre appui que son père. C'est que la malheureuse le connaissait trop bien, cet appui; c'est que durant douze années elle avait ployé sans murmurer sous ce joug de fer, et qu'elle s'en allait, l'âme toute meurtrie !

— Mon enfant, disait-elle à George, tu as précédé mon fils dans la vie, tu le précéderas dans le monde. Tu guideras son inexpérience, tu aideras ses jeunes pas. N'oublie jamais que je te l'ai confié à mon lit de mort; veille sur lui comme j'ai veillé sur toi; parle-lui de sa mère, dis-lui que je l'aurais bien aimé, et que je n'ai regretté que vous deux sur la terre. Tu protégeras son enfance, tu conseilleras sa jeunesse. Apprends donc la vertu pour la lui enseigner : choisis les bonnes voies pour les lui indiquer; conserve-toi pur et honnête, afin que tes exemples lui ouvrent de nobles sentiers. Songe qu'un jour

CHAPITRE II.

tu m'en rendras compte devant Dieu. Pauvre ami! la douleur m'égare, et tu ne peux comprendre mes paroles, mais qu'elles demeurent gravées dans ta mémoire, et tu les comprendras plus tard. Tu comprends bien déjà que tu dois aimer mon fils, n'est-ce pas? Soyez frères ainsi que vos mères étaient sœurs. Je vais revoir la tienne, je lui parlerai de toi : va, ne la pleure pas, elle a été bien heureuse, elle est morte en croyant au bonheur.

Elle s'éteignit. Courbée douze ans sous la volonté d'un maître sévère, elle avait vu toutes les heures de sa jeunesse tomber silencieusement dans le passé, sans laisser derrière elles aucune trace lumineuse. Elle avait vécu dans le travail, dans l'ombre et dans le silence. Le soleil n'avait pas lui sur sa journée. Et cependant jamais ses yeux n'avaient pleuré, jamais ses lèvres n'avaient murmuré; elle avait toujours offert un visage serein et calme. Elle mourut, et le monde la plaignit, car le monde la croyait heureuse. Que de douleurs passent ainsi parmi les hommes sans y jeter un cri, sans y semer une larme! Que de martyres dont le sang ne rougit point l'arène! Que de poëmes s'achèvent ignorés sur la terre, et vont se chanter dans le ciel!

George vit grandir Henry, et l'entoura de soins pieux et touchans; mais bientôt la vie les sépara. On envoya Bussy étudier dans un collége de la capitale. Chaque automne le ramena au gîte; mais son père étant mort et ses études achevées, libre et maître de sa fortune, qui lui permettait une noble oisiveté, il déserta la province et vint se fixer à Paris. Les dernières paroles de sa mère adoptive n'étaient point entièrement effacées de son cœur; mais l'amour, la dissipation, le frottement du monde, les mille désordres d'une

jeunesse désœuvrée en avaient singulièrement
usé le souvenir. George ne péchait pas par un
excès de sensibilité, et, bien qu'il conservât
pour Henry des pensées toutes fraternelles,
il se préoccupait médiocrement des destinées
de cet enfant, qu'il n'avait pas vu depuis
longues années et qu'il n'espérait pas revoir.
D'ailleurs, il s'avouait à lui-même qu'il
n'était guère en état d'accomplir les saints
devoirs qu'il avait acceptés au lit d'une mou-
rante. Il avait appris la vertu en courant; s'il
ne s'était pas fourvoyé dans les voies de perdition, il n'avait fréquenté qu'avec une extrême
réserve les droits sentiers de l'austère morale.
Il était pauvre de bons exemples, et ses mé-
rites ne jetaient pas assez d'éclat pour qu'il
pût servir de phare à personne. Il se disait
qu'Henry était condamné par son père à
creuser silencieusement son sillon loin des
séductions de Paris, et il avait vu tant de

belles jeunesse de nos départements venir s'étioler et mourir dans l'atmosphère de la capitale, qu'il se félicitait, pour cet enfant, de la condition bornée qui lui promettait du moins le repos dans l'obscurité. Des années s'étaient écoulées, et George avait fini par ne plus savoir si Henry Felquères existait encore, lorsque, par une matinée de novembre, comme il était à peine éveillé, il vit entrer dans sa chambre un jeune homme qui s'avança vers lui d'un air brusque et timide à la fois, et qui lui dit d'une voix douce :

— Je suis Henry Felquères : ne me reconnaissez-vous pas?

George lui ouvrit ses bras, et ils s'embrassèrent avec effusion.

— Comme te voilà grand et beau! dit Bussy, en le regardant avec attendrissement; car il se sentait remué par mille touchans souvenirs. Il l'avait quitté presque enfant, et

il le retrouvait paré de tous les charmes de la
jeunesse. Henry n'était point beau, quoique
George en eût dit ; mais il y avait en lui une
telle aristocratie de gestes, de maintien et de
langage, tant de grâces innées et tant d'instinctive élégance, qu'il eût été difficile d'imaginer que c'était là un collégien libéré, débarqué à Paris pour la première fois. Sa taille
était souple et flexible comme la taille d'une
femme ; ses cheveux blonds cendrés tombaient
négligemment sur son front sans en voiler
l'éclatante pureté ; ses yeux étaient bleus, et
il s'en échappait le regard de sa mère, ce
regard si triste, si doux et si limpide, que
George avait tant de fois rencontré, comme
une étoile bienveillante, au-dessus de son berceau ! Quand même Henry ne se fût pas nommé,
Bussy l'aurait reconnu infailliblement à son
regard aussi bien qu'à sa voix, à cette voix
douce et caressante qu'il tenait aussi de sa

mère, et qui réveilla dans le cœur de George toutes les mélodies de son enfance. Il le fit asseoir près de lui, et ils causèrent des jours passés ; puis Henry raconta les espérances qui l'avaient conduit à Paris. Voué au barreau par la volonté paternelle, il était un de ces mille jeunes gens que l'éducation et l'orgueil des parens poussent hors de la condition où ils sont nés. Il arrivait pauvre, mais riche de toutes les ardeurs, de toutes les illusions de son âge. George ne put s'empêcher de sourire en songeant que tout cet enthousiasme devait aboutir à quelques maigres plaidoyers de province sur une haie vive ou sur un mur mitoyen. Mais lui, Henry, que savait-il de l'avenir ? Il lui semblait qu'en trois ans il allait conquérir le monde.

L'heure était venue pour Bussy de mettre à l'œuvre les sentimens de reconnaissance qu'il avait voués à la mémoire de la femme

sainte qui l'avait élevé, de s'acquitter envers
le fils des bienfaits de la mère. Il accepta
d'abord Henry comme un devoir et ne tarda
pas à se prendre pour lui d'une tendresse véritable ; mais il était trop jeune lui-même pour
que cette affection fût assez grave et assez
austère. Henry était une nature tendre et
poétique : il y avait en lui beaucoup des séductions de la femme, quelque chose de frêle
et de gracieux qui invitait la protection, et,
par-dessus toutes choses, une fleur de jeunesse qui l'entourait comme d'une atmosphère sympathique. George eut pour lui tout
l'orgueil, toutes les puériles vanités de l'amour. Au lieu de le laisser épanouir dans
l'ombre, il l'exposa aux feux du grand jour.
Oubliant qu'Henry n'était plus un enfant,
qu'il n'était pas encore un homme, il fit de
lui le compagnon, le confident, le témoin de
sa vie toute entière ; et c'est ainsi qu'à dix-

neuf ans, ce jeune homme se trouva mêlé au drame dont j'ai conté le dénoûment.

L'étude des passions observées sur le vif est funeste aux jeunes cœurs : elle les remplit d'agitations et de dévorantes ardeurs et ne leur est profitable en enseignemens d'aucun genre : car la présomptueuse jeunesse désigne toujours à ses triomphes la place où ses devanciers ont succombé. Henry suivit pas à pas toutes les phases de la liaison de ses deux amis, reflet brillant ou sombre de leurs bons ou de leurs mauvais jours. Mais bientôt, à son insu, son âme se troubla ; il perdit l'égalité de son caractère, et la limpidité de son regard s'altéra. Il recherchait la solitude, fuyait George et Marianna, et nourrissait contre le premier je ne sais quelle irascible humeur qu'il ne s'expliquait pas à lui-même. George et Marianna remarquèrent à peine ces bizarreries ; d'autres soins les préoccupaient :

CHAPITRE II. 55

déjà leur chaîne était lourde à porter. Henry
assista à l'agonie de cet amour; confident du
désespoir de Marianna, il fut le vase où tomba
goutte à goutte le trop plein des douleurs de
cette infortunée. Sa pitié fut noble et désintéressée : s'il eût fallu son sang pour ranimer
la tendresse de George, il eût donné son sang,
et son cœur, et sa vie. Mais quand, le soir, il
quittait cette femme après l'avoir vue, belle
et désolée, sangloter et pleurer sur ses mains,
pourquoi donc allait-il, la nuit, sur les quais
déserts, seul, sentant avec une joie sauvage
la bise et la pluie qui lui fouettaient le visage,
et cherchant à dompter, par la fatigue du
corps, les pensées tumultueuses qui l'agitaient? Pourquoi d'autres fois mordait-il son
lit avec rage, enviant les trésors que dédai-
gnait Bussy, déplorant tant de biens perdus, heureux et misérable des pleurs qu'il
avait vus couler, maudissant George et le bé-

nissant, s'accusant et ignorant son crime, blasphémant le ciel et la terre, et, à chaque crise nouvelle de cet amour expirant, se déchirant la poitrine avec colère, comme pour en arracher un horrible sentiment de joie?

Marianna, qui n'avait jamais vu dans Henry qu'un enfant tendre et gracieux, était bien loin de se douter que les orages qui la brisaient troublaient le repos de ce jeune cœur. Elle pleurait dans son sein, sans songer, l'imprudente, qu'il suffit qu'une larme tombe sur un lac pur et paisible pour en rider les ondes et en dépolir la surface. Quant à Bussy, il n'avait rien compris : il trouvait tout simple et tout naturel qu'Henry se fît le courtisan de la douleur de Marianna, et même il lui savait gré de la sollicitude qu'il avait pour elle. Parfois cependant il avait observé avec une vague inquiétude le changement qui s'était opéré dans ce jeune homme, mais sans chercher à s'en rendre compte. La nuit des derniers adieux éveilla ses soupçons, le ramena sur les jours écoulés et lui expliqua bien des choses qu'il avait laissé passer presque inaperçues. Demeuré seul, la réflexion fortifia ses doutes et les changea presque en certitude.

Sa première impression fut toute d'égoïsme. Il comprit que l'affection d'Henry allait lui échapper et il fut jaloux. Il avait assez vécu pour savoir qu'entre deux hommes, et des mieux unis et des plus fortement trempés, dont l'un aime la femme que l'autre a possédée, il n'est guère d'amitié possible. Un sentiment de pudeur instinctive leur impose vis-à-vis l'un de l'autre je ne sais quelle froide contrainte, et quand bien même cette contrainte ne serait pas assez forte pour les diviser, la femme, qui n'a jamais rien à gagner aux confidences du passé, s'arrange toujours de façon à ne point leur laisser de place.

George professait une haute estime pour les femmes qui respectent l'amant qu'elles n'ont plus, et regrettait seulement que l'espèce en fût aussi rare.

Puis une crainte plus sérieuse, plus grave et moins intéressée préoccupa Bussy. Il savait que nous commençons tous par le rôle de martyr, que nous finissons toujours par celui de sacrificateur. Il frémit en songeant à la jeunesse d'Henry, à sa faiblesse, à son inexpérience, et il entrevit avec effroi l'abîme qu'il avait si imprudemment creusé sous les pas de l'enfant qu'il aimait.

Enfin, il se trouva que George, qui n'aimait plus Marianna, sentit remuer en lui je ne sais quelle velléité de jalousie posthume, et qu'il n'entrevit point sans humeur la possibilité d'une guérison trop prompte aux blessures qu'il avait faites. Pénètre qui pourra dans cet abîme de folie qui s'appelle le cœur de l'homme!

Ce fut sous l'influence de ces trois sentimens, que Bussy se décida à étudier le mal et à sauver Henry, s'il y avait lieu, avant qu'il fût éclairé lui-même sur l'état de son propre cœur. A voir la rudesse de George en amour, peut-être s'étonnera-t-on de le trouver si tendre en amitié? Mais remarquez que les hommes ne reconnaissent en amour ni législation, ni morale : ils aiment ou n'aiment plus, tout est là. L'amour est un terrain libre où l'on peut tout oser ; c'est là comme à la guerre : on frappe, on blesse, on tue ; partout ailleurs on est rempli d'humanité, et il n'y a que les blessés qui se plaignent. Un homme peut donc se conduire comme le dernier des misérables avec la femme qui lui a tout sacrifié, et conserver néanmoins toutes les qualités éminentes qui constituent vis-à-vis du monde ce qu'on appelle un homme charmant. Qu'on brise lâchement une destinée toute entière, ce n'est rien : c'est une femme qui se noie; on n'en reste pas moins bon fils, bon frère, bon ami; on n'en a pas moins de bonté pour ses gens, de tendresse pour ses chiens, et d'affection pour ses chevaux. Le monde lui-même, qui ne pardonne jamais aux bonheurs qu'il ne sanctionne pas, est plein d'indulgence pour ces aimables bourreaux qui le vengent. George n'avait ni chiens ni chevaux à aimer, mais il pouvait souffrir à l'endroit de Henry. Peut-être aussi semblera-t-il étrange qu'un être si vieux déjà et si endurci ait pu s'éprendre pour cet enfant d'une amitié si vive et si fervente? Mais, en mettant de côté les sentimens d'amour que George avait eus pour la mère, et qui devaient naturellement rejaillir sur le fils, il n'est point rare de voir ainsi de vieilles âmes, que la vie a bronzées, s'attacher à de jeunes cœurs que n'a point encore déflorés l'expérience. Il arrive un âge où les hommes se connaissent trop bien les uns les autres pour s'aimer entre eux. Rassasiés des mets qu'ils se servent mutuellement, il leur faut de la chair fraîche, et c'est alors qu'on les voit rechercher la jeunesse, tant ils savent bien qu'elle seule vaut quelque chose !

Fatigué d'une nuit sans sommeil, George se jeta sur son lit, et ne tarda pas à s'endormir. Bientôt les rêves s'abattirent à son chevet, et touchèrent son front du bout de leurs ailes. Ce furent d'abord des images confuses qu'il s'épuisa vainement à poursuivre, des ombres bizarres qui glissèrent le long des courtines et flottèrent autour de lui sans qu'il pût en saisir les formes fantastiques. Mais peu à peu ces folles imaginations s'évanouirent, de nouvelles images lui apparurent, et il reconnut en elles les fantômes des dernières années qu'il avait ensevelies dans le passé. C'étaient ses souvenirs les plus récens qui s'éveillaient pour lui donner une deuxième représentation du drame qu'il venait de dénouer. Il poussa, en dormant, un soupir résigné, car la pièce était trop mauvaise pour qu'il pût, après l'avoir achevée, se féliciter de la voir et de l'entendre une seconde fois.

III

Il y avait trois ans passés que la tristesse et l'ennui avaient conduit Bussy aux eaux de Bagnères de Bigorre. Jeune, il avait aimé; jeune, il avait souffert; frappé au matin de la vie dans ses croyances les plus chères, son cœur ne s'était point relevé, et sa jeunesse morne et désœuvrée touchait déjà presqu'à son déclin. La société des eaux était nombreuse et brillante; Bussy s'y montra comme partout, réservé, silencieux, et d'une gravité un peu théâtrale. Quelques personnes qui, l'année précédente, l'avaient rencontré aux bains de Lucques et qui le retrouvèrent aux Pyrénées, le surnommaient *Tristan le voyageur*. Il était beau d'ailleurs, et sa tristesse seyait bien à sa beauté; son regard était fier, mais on devinait aisément que l'amour devait en adoucir l'expression impérieuse et sévère. Ses lèvres minces, qui ne souriaient jamais, semblaient un arc au repos. Son visage était pâle; les femmes lisaient quelque chose de fatal sur son front dévasté.

Parmi celles qui se disputaient la royauté des eaux, plusieurs étaient parées de charmes, d'esprit et de grâces; mais toutes abdiquèrent leurs prétentions aux pieds de madame de

CHAPITRE III.

Belnave, et le sceptre échut à la seule d'entre elles qui ne l'eût point sollicité. Jeune, belle, d'une beauté que relevait encore un air de souffrance rêveuse, Marianna apparut à Bagnères comme une de ces créations qu'enfante seul le génie des poëtes. C'était une de ces âmes qui ne doivent rien au monde qui ne les connaît pas. Élevée aux champs qu'elle désertait pour la première fois, ses manières offraient un singulier mélange de hardiesse et de timidité ; parfois même elles affectaient je ne sais quelle brusquerie pétulante qui venait d'une secrète inquiétude et d'une ardeur inoccupée. Familière et presque virile, son intimité était d'un facile accès ; mais sa fière chasteté et son instinctive noblesse mêlaient au laisser-aller de toute sa personne des airs de vierge et de duchesse qui contrastaient d'une façon étrange avec son mépris des convenances et son ignorance du monde, et si nulle ne savait mieux qu'elle encourager les sympathies, elle savait mieux que tout autre leur commander un saint respect. Tout révélait en elle une nature luxuriante qui s'agitait impatiemment sous le poids de ses richesses inactives. On eût dit que la vie circulait frémissante entre les boucles de son épaisse et noire chevelure. On sentait comme un feu caché sous cette peau brune, fine et transparente. Sa taille était frêle, mais soutenue par une svelte et gracieuse audace. Son front net et pur disait bien que les orages de la passion n'avaient point grondé sur cette noble tête; mais l'expression de ses yeux, brûlante, fatiguée, maladive, accusait des luttes intérieures, terribles, incessantes, inavouées.

M. de Belnave accompagnait sa femme. C'était un homme de distinction, d'un abord froid, d'une gravité simple, un véritable gentilhomme. Son maintien était austère, ses traits réguliers, son élégance compassée ; son aspect, ses gestes, son langage exhalaient un parfum d'aristocratie native que n'avaient pu altérer le commerce ni l'industrie. Il paraissait se ployer avec une indulgence paternelle au caractère de Marianna, et la chevaleresque confiance qu'il mettait en elle honorait également l'un et l'autre époux.

M. de Belnave était propriétaire des forges de Blanfort, qu'il exploitait avec son associé, M. Valtone. M. Valtone avait épousé la sœur de Marianna, et les deux ménages vivaient sous le même toit, unis par le double lien des affections et des intérêts. Bien que d'une nature moins élevée que celle de M. de Belnave, M. Valtone était une haute probité, une intelligence active et rompue aux affaires, un dévouement à toute épreuve. D'ailleurs, une vieille affection liait ces deux hommes, et les avait faits frères bien avant leur mariage. Amis d'enfance, ils avaient grandi côte à côte; appuyés l'un sur l'autre, ils avaient traversé la vie, se chauffant au même soleil, s'abritant sous le même manteau. Pauvres, le travail les avait enrichis ; après des années de labeur et de peine, tous deux s'étaient assis dans le même bonheur. C'étaient là deux hommes de vertu, de courage et de volonté. Inaccessibles aux passions de l'oisive jeunesse, étrangers aux calculs d'une ambition peu timorée, ils étaient arrivés au grand jour, tête haute et par le droit chemin. C'est que la fortune n'avait pas été le seul but de leurs communs efforts ; c'est que leur amitié n'était pas une de ces liaisons complaisantes qui ne vivent que de concessions mutuelles. Rigide et sévère, elle les avait conduits d'un même pas à leur amélioration matérielle et morale; elle les avait faits riches et meilleurs. Heureux, on les vit aussi peu embarrassés de leurs richesses qu'ils l'avaient été de leur pauvreté. Ils répandirent autour d'eux l'aisance et le bien-être ; ils employèrent les bras inoccupés; Blanfort prit une face nouvelle. Puis, lorsqu'ils eurent assuré le présent et qu'ils se crurent maîtres de l'avenir, autant que chacun ici-bas peut se croire maître du jour de demain, ils se tournèrent vers le mariage, l'envisageant comme un devoir propre à sanctifier leurs prospérités. Plus âgé que M. de Belnave, M. Valtone se maria le premier, et trois ans plus tard, M. de Belnave épousa la belle-sœur de son associé. Noëmi et Marianna de Vieilleville appartenaient à l'une des meilleures familles de la Creuse. Élevées à la campagne, sous l'œil vigilant de leur grand'mère, toutes deux étaient nobles et belles, et bien que leur fortune ne répondît pas à celle des deux amis, ceux-ci, en les épousant, ne songèrent point qu'ils sacrifiaient leur intérêt à leur inclination, tant ces deux filles charmantes leur apportaient des trésors de grâce, d'esprit et de tendresse.

Les premières années de cette double union avaient été fécondes en beaux jours. Blanfort est un joli village du Berry : de rustiques habitations semées au pied d'une colline, entre Argenton et Le Blanc, se mirent dans l'eau de la Creuse qui arrose cette partie du département de l'Indre avant de se jeter dans la Vienne. Les forges s'étendent sur la rive opposée et donnent au paysage un aspect animé, pittoresque et presque sauvage. Sur la même rive, plus avant dans les terres, une maison de construction élégante et moderne se cache derrière des massifs de chênes, d'ormes et de trembles dont le feuillage amortit le bruit étourdissant des cyclopes. C'est là que les deux ménages avaient établi leur bonheur. Mais, à leur insu, ce bonheur était déjà bien ébranlé à l'époque où M. de Belnave avait accompagné Marianna aux eaux de Bagnères de Bigorre.

M. de Belnave et son ami étaient deux natures inhabiles aux puérilités de l'amour. Trempés de bonne heure dans la réalité, habitués à traduire leurs sentimens par leurs actions, leur tendresse, rigide et concise, manquait d'expansion et de charmes. Le travail les avait préservés de ces désirs sans but, de ces aspirations tumultueuses qui tourmentent toute jeunesse. Ils ne comprenaient point ces faux besoins du cœur, ces folles exagérations de l'âme, fléaux des sociétés désœuvrées. Chez eux, la passion avait revêtu les formes sèches du devoir. Ils n'étaient ni rêveurs, ni poëtes. L'aspect d'un beau paysage ne les jetait pas dans de ravissantes extases. Le bruit des forges de Blanfort était plus doux à leurs oreilles que le murmure des brises printanières, et leurs regards souriaient plus complaisamment au rouge éclat de leurs fourneaux qu'aux rayons argentés de la lune, glissant le soir à travers les aulnes. Ni poëtes ni rêveurs, à coup sûr! Mais ils aimaient leurs femmes d'une affection vraie et profonde, et jamais l'humeur, le caprice ou l'ennui n'altérait leur immuable bonté. S'ils ne connaissaient point les brûlantes exaltations, ils ignoraient aussi la lassitude qui leur succède. Leur amour ne se perdait jamais dans des régions bien éthérées ; mais Noëmi et Marianna pouvaient le trouver à toute heure dans le milieu calme et serein où il était acclimaté. Dans une époque qui se montre disposée à flatter la passion plutôt que le devoir, ces affections bourgeoises, ces qualités éminemment sociales ont dû trouver peu d'apologistes; mais les essais de la passion les ont suffisamment vengées.

Noëmi s'était ployée sans efforts apparens aux exigences de la vie conjugale. Sa jeunesse avait été religieuse, occupée; et, soit que ses rêves n'allassent pas au-delà de son horizon, soit qu'elle les retînt prisonniers dans son sein et que Dieu eût mis en elle une de ces âmes résignées qui ne se confient point à la terre, soit enfin qu'elle fût née pour cette condition silencieuse et bornée qui s'appelle la vie domestique, toujours est-il que sa chaste beauté avait su conserver l'éclatante blancheur du lys, ses yeux l'azur du ciel, ses lèvres le sourire des anges, et que son bonheur semblait suffire à la modestie de ses ambitions.

Il n'en fut pas ainsi de sa sœur. Le silence des champs, l'étude, la rêverie, la lecture avaient développé dans Marianna plus de force que de tendresse, plus d'imagination que de cœur, plus de curiosité que de sensibilité vraie. Elle n'avait vécu jusqu'alors que dans le monde des chimères. Seule, au bord de la Creuse, sur les flancs des coteaux, le long des haies verdoyantes, elle s'était arrangé d'avance une existence héroïque, toute remplie de beaux dévoûmens et de sublimes sacrifices. Elle avait entrevu des luttes, des combats, des amours traversés, des félicités tourmentées. Avant d'avoir joui, elle avait tout épuisé; elle avait traduit l'avenir en poëme. Lorsqu'il lui fallut descendre de cet empyrée dans l'atmosphère tempérée de Blanfort, cette âme dut se sentir pénétrée d'un froid mortel. L'affectueuse bonté de M. de Belnave ne ressemblait en rien aux passions orageuses que Marianna avait entendues gronder dans ses songes. M. de Belnave lui-même, malgré la distinction de ses manières, ne pouvait guère être comparé aux figures poétiques qui avaient visité la solitude de cette enfant. Toutefois, le changement de lieux et de position, la joie de retrouver Noëmi, l'espèce de solennité qui entoure les premiers mois du mariage, les soins affectionnés de M. de Belnave, les prévenances fraternelles de M. Valtone, l'activité qui régnait à Blanfort, le bruit des forges, le mouvement de l'industrie, tous ces accidens d'une vie nouvelle aplanirent pour Marianna le rude passage des rêves à la réalité. D'ailleurs, les premiers transports de M. de Belnave se montrèrent chaleureux, sinon exaltés. Vivement épris de sa jeune et belle épouse, on le vit se livrer presque exclusivement aux préoccupations de son bonheur, et la première année de cette union, bien qu'en ne réalisant pas toutes les espérances de Marianna, donna cependant une ample moisson d'heureux jours. Mais comme la vie ne saurait se passer à parler d'amour, M. de Belnave reprit bientôt ses habitudes froides et laborieuses, et, s'autorisant de la sincérité de son affection pour se dispenser du soin de la manifester, il laissa Marianna se dévorer en silence. Les sources de tendresse étaient toujours en lui;

mais, au lieu de s'épancher, les eaux dormaient dans le creux du rocher.

M. de Belnave fut coupable. L'amour, comme la divinité du sein de laquelle il émane, demande un culte extérieur. Si les amans font à la passion la part trop large et trop belle, les maris la lui mesurent avec une parcimonie sordide. C'est bien là ce qui les perd tous. La paresse et la vanité encouragent leur froideur et bercent leur indifférence. Ils présument tellement de leurs charmes, qu'ils ne songent pas même à les faire valoir. A voir leur aveugle confiance, il semble qu'ils aient constitué leurs femmes en majorats et qu'elles soient inaliénables. Que peuvent cependant ces créatures négligées, qui ont vingt-quatre heures par jour à donner aux pensées d'amour; que peuvent-elles contre la séduction qui s'offre à elles parée de tous les artifices du cœur, de toutes les grâces du langage? Résistent-elles?

Les maris n'en savent gré qu'à leur mérite et ne pardonneraient pas au triomphe d'avoir coûté de sérieux efforts. Qu'elles succombent, ils se révoltent et s'indignent. Il a fallu un rival de chair et d'os pour éveiller leur jalousie et fouetter leur ame engourdie. Eh! malheureux! vous ignorez que ce rival n'a fait que succéder à mille autres, tous plus jeunes, tous plus aimés. Ces rivaux mystérieux, c'étaient les fantômes qu'évoquaient la tristesse et l'ennui. Que de fois vos femmes n'ont-elles pas senti, durant les longs jours d'abandon, leurs lèvres pâlir et trembler sous des baisers rêvés qui n'étaient pas les vôtres! Que de fois n'ont-elles pas pressé sur leur sein de brûlantes images qui ne vous ressemblaient pas! Pourquoi donc étiez-vous si tranquilles alors? Ou vous soupçonniez ces infidélités de la pensée, et dans votre sécurité vous n'étiez que des fous; ou vous imaginiez que vos épouses délaissées ne peuplaient leurs heures solitaires que de votre souvenir adoré, et dans votre présomption vous n'étiez que des sots.

M. de Belnave était tout simplement ce que nous pourrions appeler un cœur muet, une âme silencieuse. Le trop d'exaltation qu'avait Marianna aurait suffi pour le compléter. Le temps seul pouvait corriger ces deux natures et fondre dans un rapport égal leurs défauts et leurs qualités. Mais les âmes enthousiastes ne savent pas attendre. Marianna s'exagéra la froideur de son mari. Abandonnée à elle-même, son imagination, un instant assoupie, se réveilla plus vive et plus fougueuse; son cœur, qui ne trouvait plus d'alimens, se consuma. Au lieu d'apprendre à jouir des biens qu'elle avait sous la main, elle s'étudia à les méconnaître. Le bonheur était auprès d'elle; elle s'épuisa à le chercher dans les espaces imaginaires. Qui n'eût cru aux félicités de

cette femme? Elle seule n'y croyait pas. Elle
se demandait avec inquiétude si le monde
finissait à l'horizon borné qui l'oppressait de
toute part. Le calme plat de ses jours pesait
sur elle comme un manteau de plomb. Elle
sentait en elle une énergie à soulever les montagnes ; elle étouffait dans le cercle étroit
de ses devoirs. Entourée de toutes les joies
du luxe et du bien-être, elle eût donné tous
ces trésors pour une vie pauvre, mais aventureuse et libre. Cette enfant demandait la
liberté, et n'avait jamais su ce que c'est que
la servitude; mais elle avait besoin d'outrager
sa destinée, tant son âme ennuyée était avide
de douleurs. Fatiguée du repos, elle eût voulu
remuer à tout prix les eaux dormantes de sa
vie. L'inaltérable bonté de M. de Belnave l'irritait. Peut-être eût-elle préféré un mari brutal et jaloux. Véritablement malheureuse, elle
se serait trouvée moins misérable.

C'était à Noëmi que Marianna confiait ses ennuis, ses tristesses, et son cœur agité, et ses vagues inquiétudes, et ses aspirations brûlantes. Madame Valtone l'écoutait d'un air doux et mélancolique; puis, par de tendres conseils, par des paroles toutes pleines d'une sagesse indulgente et bonne, elle essayait de réprimer les écarts de cette imagination; elle s'efforçait de la ramener au sentiment de son bonheur, à une appréciation plus juste et plus sensée des choses d'ici-bas. Sa voix était grave, ses discours prudens et maternels; car Noëmi comptait quelques années de plus que madame de Belnave, et son âge, autant que sa raison précoce, lui donnait sur sa sœur une autorité de mère. Parfois cette raison parvenait à réfréner les ardeurs de Marianna; parfois aussi la sérénité de Noëmi, la sainteté de ses exemples, la modestie de ses désirs exerçaient d'heureuses influences, et la paix semblait rentrer dans cette âme tourmentée. Mais ce n'était qu'un calme passager que troublaient bientôt de nouveaux orages. C'était alors que madame Valtone osait se montrer plus sévère; mais ses enseignemens ne trouvaient plus qu'un esprit rebelle, et Marianna croyait justifier ses douleurs en les déclarant incomprises.

M. de Belnave, qui aimait sérieusement sa femme, était loin de soupçonner tant de luttes et tant de misères; pour M. Valtone, il en était plus loin encore. Le travail absorbait exclusivement ces deux hommes et ne leur laissait guère le loisir de fouiller les abîmes du cœur. C'étaient d'excellens maris, d'honnêtes industriels, mais d'assez ignorans psychologistes, et surtout de fort pauvres héros.

Des années s'écoulèrent de la sorte, sans apporter aucune modification bien remarquable dans la situation des deux ménages. C'étaient toujours le même calme et la même uniformité, le même ciel et les mêmes ombrages. C'était, à vrai dire, pour une âme effervescente que trop de sève tourmentait, une assez déplorable existence. M. de Belnave et son associé avaient achevé de se pétrifier dans la réalité. Ils s'étaient habitués à regarder leurs femmes comme des meubles propres et luisans qui faisaient honneur à leur maison, et qui n'exigeaient aucun frais d'entretien. Noëmi tenait le sceptre domestique avec une fermeté qui n'excluait en elle aucun charme. Pour Marianna, elle posait dans la petite colonie comme une œuvre d'art, comme une belle inutilité. Le dessin, le piano, la lecture des romans modernes, les courses à cheval, les promenades solitaires, remplissaient ses journées oisives. Elle avait su conserver d'ailleurs une humeur douce, un caractère égal, et M. de Belnave n'imaginait pas que sa femme pût ne pas être heureuse. Eh ! sans doute, elle était bien heureuse ! seulement elle se mourait d'ennui.

Un soir, Marianna se croyait seule dans sa chambre. Accoudée sur l'appui de sa fenêtre ouverte, elle contemplait le soleil qui descendait derrière les coteaux couronnés de pampres. Il faisait une de ces belles soirées où la nature, fatiguée de parfums, de chaleur et de vie, semble se reposer des voluptés du jour. Bientôt les brises de la nuit se levèrent : le feuillage, ranimé par leurs fraîches haleines, frissonna ; les rainettes chantèrent sur le bord des étangs, et les notes du rossignol éclatèrent à longs intervalles. L'air était chargé d'enivrantes senteurs. On entendait au loin le bruit des écluses, les aboiemens des chiens, et ces mille rumeurs pleines de mélancolie et de mystère qui s'élèvent des champs endormis. La lune reposait sur les prairies qu'elle inondait de sa blanche lumière; les étoiles étincelaient au ciel; la rivière se déroulait, comme un ruban d'argent, à travers les plaines murmurantes. Nuits fatales aux cœurs solitaires ! Marianna pressa sa poitrine avec désespoir, comme pour y refouler d'inutiles désirs; puis se jetant sur son lit, elle fondit en larmes.

Ce spectacle fut nouveau pour M. de Belnave, qui venait d'entrer dans la chambre de sa femme. Il lui prit la main, et d'une voix affectueuse :

— Tu pleures, lui dit-il; qu'as-tu ?

— Rien, répondit-elle en essuyant ses yeux.

Il insista, mais vainement. Sa sollicitude alarmée s'adressa à Noëmi. Madame Valtone répondit timidement que Marianna s'ennuyait peut-être. Le lendemain, M. de Belnave offrit à sa femme le choix des distractions, et, huit jours après, une chaise de poste les emportait tous deux au pied des Pyrénées.

IV.

George et Marianna se rencontrèrent à Bagnères. Ces deux ennuis devaient se comprendre l'un l'autre : ils se comprirent. Marianna vit bientôt apparaître les rives enchantées qu'elle n'avait jusqu'alors entrevues que dans ses songes. La poésie des lieux, la majesté des monts, l'entraînement d'une société nouvelle, les hommages qui s'attachaient à ses pas, les fêtes brillantes, les excursions aventureuses, qu'autorise la vie des eaux, toujours indépendante et libre, tout concourut à l'égarer et à la perdre. Ses joies inaccomplies, ses déceptions amères, ses vœux inexaucés trouvèrent dans Bussy des sympathies intelligentes. Ses pensées les plus mystérieuses, ses plus confuses espérances lui furent traduites dans un langage passionné. George lui formula son cœur; puis il pleura sur elle. Elle était une de ces âmes d'élite qui portent la peine de leur haute origine, un ange solitaire perdu parmi les hommes; une exilée du ciel qui se souvient de la patrie absente. Puis, après s'être emparé des tristesses de Marianna et lui en avoir fait les honneurs, il raconta les siennes. Il chanta les douleurs de ses jeunes années : amour méconnu, confiance trahie, liaison brisée ! Il étala des plaies encore saignantes et pleura sur lui-même. Il exagéra ses regrets avec art ; il exploita les malheurs d'une vieille passion au profit d'une passion nouvelle. Madame de Belnave écoutait Bussy avec ce curieux intérêt qui s'attache au voyageur revenu des contrées lointaines ; et c'était dans l'atmosphère embrasée des bals, plus souvent dans les vallées chauffées aux rayons du midi, au bruit des cascades mugissantes, c'était sous le soleil de l'amoureuse Espagne, que George et Marianna, détachés, comme à leur insu, des caravanes qui visitaient les monts, s'abandonnaient follement aux dangers de ces confidences ! Impatiente d'apprendre et de connaître, Marianna enviait l'expérience de Bussy ; lassé de tout, George, de son côté, enviait à Marianna son heureuse ignorance. Madame de Belnave était altérée des eaux amères de la vie ; il fallait à George de pures et fraîches ondes où son cœur pût se régénérer. L'un avait la science et l'autre la jeunesse. Il n'était pas bien difficile de prévoir que ces deux natures chercheraient à se compléter par l'échange de leurs trésors et finiraient par s'absorber dans un même amour, semblables aux électricités contraires qui s'attirent et se confondent. Madame de Belnave aima, et Bussy crut aimer. Comme lui, qui n'a pris ses regains pour l'espoir d'une moisson nouvelle? Hélas! nous sommes tous ainsi: nous ne renonçons point docilement aux illusions près de nous échapper. Avant de se glacer et de s'endormir du repos éternel, le cœur se révolte et se débat longtemps sous la main de fer qui l'opprime. Il essaie encore ses forces expirantes, et presque toujours il entraîne avec lui dans la tombe le jeune cœur qui n'a pu le sauver.

Cependant, que faisait M. de Belnave? Pour tout ce qui regarde leur repos conjugal, les maris sont clairvoyans comme les aveugles : ils voient avec la main ; et, lorsque par hasard une vague inquiétude rôde autour d'eux et leur fait pressentir le danger qui les menace, ils repoussent avec orgueil ces pressentimens salutaires ; ils affectent une héroïque confiance ; ils accueillent le danger au lieu de chercher à le prévenir ; ils font parade de la sécurité qu'ils n'ont pas. On se demande d'où peut leur venir cet impérieux instinct qui les pousse invinciblement à leur perte, et les précipite aveuglément sur les marches de l'autel, où les attend le sacrificateur. Le célibat de leur jeunesse n'a été fécond pour eux en enseignemens d'aucun genre, et les fautes dont ils ont profité alors ne leur ont appris qu'une chose, à les commettre plus tard. Il semble qu'une fatalité terrible pèse sur le mariage. C'est bien à coup sûr celui des sacremens où le diable a la meilleure part.

Quoi qu'il en soit, toujours est-il que le seigneur de Blanfort favorisa de la meilleure grâce du monde un bonheur qui n'était pas le sien. Bussy, bien qu'il ne procédât ni de Juan ni de Lovelace, possédait toutefois les premiers élémens de la séduction. Il débuta fort habilement par capter l'amitié de M. de Belnave : ruse assez commune aux amans, qu'on flétrirait du nom de lâche perfidie, s'il s'agissait de dérober un secret d'industrie à quelque commerçant, mais qui devient une gentillesse aussitôt qu'il s'agit seulement de tromper un mari et de lui voler sa femme. Le manuel de l'adultère diffère, sur plusieurs points, de celui des honnêtes gens.

Hâtons-nous de dire que le bonheur de Bussy se réduisit aux effusions du sentiment. Ce n'est pas que George fût homme à se contenter de joies purement extatiques ; mais il y avait dans Marianna une chasteté sauvage qui dominait sans efforts toutes les phases de la passion. Pareil à la flamme du bois d'aloës, qui ne donne point de fumée, l'amour brûlait dans ce cœur sans en ternir l'éclat, sans en altérer la pureté. Marianna ne soupçonnait même pas que cet amour pût être criminel, et elle s'abandonnait sans crainte aux charmes d'une liaison qui devait la perdre plus tard. Mais il en est toujours ainsi : les brises du rivage sont douces et parfumées; la vague déferle mollement sur la plage; la mer châtoie sous l'azur du ciel. Nous partons, nous nous aventurons gaiement sur ces ondes unies comme une glace. Comment prévoir que le vent, qui joue dans nos voiles, nous brisera contre les récifs, et que le flot qui nous caresse doit nous jeter un jour, tout meurtris, sur la grève ?

La saison des bains expirait. M. de Belnave aurait failli à sa destination, s'il n'eût engagé

Bussy à venir passer l'automne à Blanfort. Il lui offrit l'hospitalité avec insistance. George s'était donné comme un amant passionné de la métallurgie. A l'entendre, la célébrité des forges de Blanfort était allée jusqu'à lui. Il avait un oncle maître de forges dans le Jura, et il était curieux de comparer le minerai du Berri à celui de la Franche-Comté; curieux surtout, ajoutait-il, de cultiver la connaissance d'un homme aussi distingué que l'était M. de Belnave. Il devait rester encore quelques semaines dans les Pyrénées; mais, en retournant à Paris, il serait heureux de se détourner de sa route pour recueillir sur son passage les bénéfices d'une hospitalité qui lui était offerte avec tant de grâce. Marianna en ressentit moins de joie que de tristesse. Elle comprit que Bussy se jouait de M. de Belnave, et son cœur fut blessé dans la dignité de son époux. Cette dignité, qui l'avait compromise? Qui avait autorisé Bussy à la méconnaître? Elle fit un retour sur elle-même et se reconnut coupable. Mais, pour cette âme avide d'émotions de tout genre, un grain de remords assaisonnait les jouissances, et, en les troublant, les lui faisait plus chères.

Les deux époux partirent. Tout avait pris pour Marianna une face nouvelle. Les beautés de la route, qu'elle avait à peine remarquées en allant de Blanfort à Bagnères, la plongèrent, au retour, dans un muet enchantement. Il lui semblait que la terre venait de fleurir, que le ciel s'était paré d'un éclat plus doux, et que les bois, les champs et les coteaux avaient, pour la voir passer, revêtu leurs habits de fête. Quel changement s'était opéré dans son existence? Qu'attendait-elle de l'avenir? où allaient ses espérances? Elle l'ignorait elle-même. L'avenir, elle n'y songeait pas : que lui importait le jour de demain?

Elle vivait dans l'heure présente. Elle se disait bien que la fin de l'automne amènerait George à Blanfort; mais quand même cette joie n'eût pas été promise à son espoir, sa félicité n'en aurait été ni moins complète ni moins enivrante. Elle aimait, elle était aimée; ces deux mots résumaient tout pour elle. Elle voyait Bussy, elle entendait sa voix, et tout son être s'abîmait dans un sentiment de béatitude, large et profond comme le ciel.

Après avoir traversé les champs de la Vienne et brûlé le pavé de la petite ville du Blanc, la chaise de poste côtoya le cours de la Creuse. Bientôt le bruit des marteaux, retentissant sur les enclumes, troubla le silence de l'air, et les maisons groupées au pied de la colline apparurent tapies dans la verdure, comme des nids d'oiseaux dans un buisson. C'était Blanfort. La voiture s'arrêta, et Marianna tomba dans les bras de sa sœur. Elle l'embrassa avec effusion ; tout ce qu'elle aimait lui était devenu plus cher. Les eaux de sa rivière lui parurent plus limpides, ses prés plus verts, sa maison plus riante. Elle visita avec des transports d'enfant tous les lieux où elle avait semé tant d'ennuis dévorans, tant de sombres tristesses. Il y avait en elle une plénitude de délices qui débordait sur toute chose. Elle se sentait si heureuse qu'elle croyait communiquer à chaque objet des parcelles de son bonheur. Car, dans nos grandes joies, comme dans nos grandes douleurs, nous imaginons toujours que la nature sympathise avec les dispositions de notre âme. Tristes, tout pleure avec nos larmes : le ruisseau se plaint aux cailloux de son lit, la bise gémit et sanglotte, les saules se penchent éplorés sur le rivage. Joyeux, tout s'égaie avec nous : le ruisseau gazouille, le ciel regarde la terre avec amour, et les saules livrent aux baisers du vent leur feuillage pâle de volupté.

Il eût été bien facile à M. de Belnave d'exploiter à son profit ce retour de Marianna à la vie et à la jeunesse; en donnant à sa tendresse plus d'expansion, de chaleur et de grâce, il eût bien aisément, sans doute, ramené cette flamme égarée au foyer du devoir. Mais il ne soupçonnait rien, mais il ne prévoyait rien. A peine de retour à Blanfort, il ne s'occupa qu'à réparer le temps qu'il avait perdu à Bagnères, et Marianna ne fut pas plus distraite dans son bonheur qu'elle ne l'avait été auparavant dans sa tristesse. Ce n'est pas, encore une fois, que madame de Belnave fût indifférente à son mari; bien loin de là! M. de Belnave aimait sa femme, et l'aimait certainement beaucoup. Si Marianna l'eût exigé, il l'aurait conduite au pied du Caucase tout aussi bien qu'au pied des Pyrénées. Mais il ignorait, hélas! qu'il n'en est pas de l'amour comme du courage; que l'amour qui ne cherche point à se faire valoir, c'est-à-dire, qui n'est ni fanfaron, ni menteur, ni bavard, est en général quelque chose de fort insignifiant et d'assez maussade, et qu'une tirade poétique, un regard fatal, un soupir étouffé, ont presque toujours disputé victorieusement les cœurs féminins — je parle des plus sages, des plus prudens et des plus rebelles — aux dévoûmens sans ostentation d'une paisible et bourgeoise affection.

Le changement opéré dans Marianna n'échappa point à madame Valtone, qui l'observa d'abord avec joie, mais qui, plus clairvoyante que M. de Belnave, en soupçonna bientôt les véritables causes. Dans le récit détaillé que Marianna fit à sa sœur de son séjour à Bagnères, de ses plaisirs, de ses excursions, George Bussy se trouva toujours sur le premier plan, et ce nom de Bussy revint si souvent dans les discours de Marianna, qu'il finit par éveiller dans l'esprit de Noëmi une vague inquiétude. Cette inquiétude se changea presque en un sentiment d'effroi, quand Noëmi apprit que cet étranger était attendu à Blanfort; toutefois elle ne sollicita point les confidences de sa sœur; ces confidences l'auraient obligée peut-être à dispenser le blâme ou le conseil, et elle savait combien cette nature était ombrageuse et jalouse de sa fière liberté; elle savait aussi qu'en lui signalant le danger, elle éveillerait dans ce cœur plus d'audace que de prudence. Elle résolut d'étudier le mal avec circonspection, de veiller sur Marianna à l'insu d'elle-même et de la couvrir d'une mystérieuse égide, se promettant d'avoir recours à des moyens plus efficaces, si le danger devenait par trop imminent.

Une lettre de George annonça son arrivée à Blanfort. Au jour indiqué, M. de Belnave alla lui-même au Blanc pour accueillir le voyageur.

On touchait alors à la fin de septembre ; la saison était belle, les coteaux commençaient à se parer des mille teintes de l'automne. Durant le court trajet de la ville au village, George acheva de conquérir les bonnes grâces de M. de Belnave. Il admira le pays, moins en artiste qu'en agronome. Il s'extasia moins sur la beauté des sites que sur l'entretien des prairies. Il professa pour la vie champêtre, pour ses travaux et pour ses plaisirs, de chaleureuses sympathies. Il discuta longuement sur l'importation et sur l'exportation des fers. Il sut découvrir le filon des opinions politiques de son hôte et l'exploiter avec un art merveilleux. Enfin il parla sur tout, et sur quelques autres choses encore, avec une gravité qui plut singulièrement à M. de Belnave, et quoique Bussy fût bien près de franchir le seuil qui sépare la jeunesse de la virilité, l'honnête maître de forges s'étonna de trouver dans un homme si jeune un jugement si mûr, dans un enfant du siècle une raison si désintéressée. Tout en causant, ils arrivèrent à Blanfort. Marianna, Noëmi et M. Valtone les attendaient sur le bord de la route. Marianna tressaillit, et tout son cœur passa sur sa figure. M. Valtone accueillit l'étranger avec une cordiale politesse. Mais, chose étrange! à peine George et Noëmi se furent-ils envisagés l'un l'autre qu'il se devinèrent. Noëmi comprit que son instinct ne l'avait pas trompée, que c'était bien là l'ange du mal qui poursuivait la perte d'une âme; et, de son côté, en voyant cette blanche créature, au front calme et limpide, au port grave, au maintien céleste, en la voyant auprès de sa sœur qu'elle semblait envelopper d'invisibles ailes, George comprit que c'était là l'ange gardien qui devait lui disputer sa proie. Dès les premiers instans, il s'établit entre ces deux êtres une lutte se-

crète, et le premier regard qu'ils échangèrent
fut comme un regard de défi.

Bussy avait compté sur de faciles joies; il
essuya des déceptions de tout genre. Venu à
Blanfort avec la pieuse intention de continuer
le grand œuvre qu'il avait entamé à Bagnères, il vit échouer tous ses projets : arrivé le
cœur plein d'espoir, il partit la rage dans le
cœur. En voici la cause :

J'ai dit que, durant le trajet du Blanc à
Blanfort, George, qui s'était donné déjà pour
un grand métallurgiste, avait eu l'impru-
dence de professer un vif amour pour les
travaux rustiques et pour les plaisirs cham-
pêtres. M. de Belnave le présenta donc à son
associé comme un amant des métaux, de l'a-
griculture et de la chasse. Il se trouva que
M. Valtone était précisément un agronome
fanatique, et de plus un véritable descendant
de Nemrod. De son côté, M. de Belnave était

passionné pour son industrie. Tous deux, chacun dans sa spécialité, cherchèrent à rendre le séjour de Blanfort agréable à leur hôte, et tous deux firent si bien qu'ils réussirent à le lui rendre insupportable, et que George, qui avait commencé par se railler tout bas de la confiance de ces vertueux maris, se crut parfois le jouet d'une mystification infernale. Si M. de Belnave ne lui fit pas grâce d'une barre de fer, son ami se montra plus impitoyable encore. Chaque matin, George vit entrer dans sa chambre, avec le premier rayon du jour, M. Valtone, le terrible M. Valtone, qui, entouré d'une meute de chiens, armé de pied en cap, les guêtres de cuir aux jambes, le carnier au dos, le fusil au bras, apparaissait à Bussy comme une ombre vengeresse, l'arrachait au sommeil et le traînait à travers champs, les pieds dans la rosée, la tête dans les brumes de l'automne. L'infortuné suivait ce rude compagnon en le donnant au diable. Il n'avait de sa vie brûlé de poudre qu'au tir. Les perdreaux passaient sans danger à travers son plomb inoffensif, les cailles lui riaient au nez, les lièvres lui faisaient la grimace. Il rentrait à Blanfort, léger de gibier, mais lourd de fatigue. M. de Belnave le guettait au retour et le menait aux forges; M. Valtone le reprenait pour lui faire visiter ses métairies, ses champs et son jardin anglais et ses prairies artificielles. Si George parvenait à échapper aux persécutions de ses hôtes, Noëmi, la douce créature, le harcelait plus cruellement encore. Elle était toujours auprès de Marianna, toujours grave, vigilante et maternelle. Fidèle à son rôle d'homme dégoûté de la vie et revenu de toutes choses, Bussy cherchait-il à se poser à la manière des héros de Byron, et à s'envelopper d'un éclat sombre et poétique ;

Noëmi le raillait avec un esprit fin et le ramenait bientôt à ses proportions naturelles. Frappait-il de mépris toute foi et toute croyance, affectait-il un scepticisme amer; Noëmi le défendait intrépidement contre lui-même, assurant qu'elle le tenait pour un aimable et honnête jeune homme qui ne se calomniait sans doute que pour prévenir la médisance. Parlait-il de l'ennui qui pesait sur ses jours, Noëmi lui conseillait le travail; de son existence achevée, Noëmi lui prouvait qu'il commençait la vie à peine; de ses malheurs, elle convenait qu'il était bien malheureux en effet — à la chasse surtout, ajoutait-elle; — mais elle lui démontrait qu'au milieu de ses désastres, il devait encore remercier la destinée qui avait bien voulu lui laisser une santé robuste pour les supporter, une fortune indépendante pour se distraire, et toutes les apparences du bonheur pour cacher tant de calamités. Elle lui prenait toutes ses phrases, les perçait avec une aiguille d'or, et après en avoir chassé le vent et la fumée, les lui rendait aussi flasques et aussi plates que les lambeaux d'un ballon crevé. Elle le traduisait en prose; elle le forçait à descendre des régions sublimes où il se réfugiait, et à marcher, comme un simple mortel, sur notre misérable planète. Vainement cherchait-il à regagner les nuages; la raison de Noëmi l'atteignait bientôt dans son vol, et rien n'était plus plaisant que de le voir alors retomber lourdement sur le sol de la réalité. C'était surtout sur le terrain de ses malheurs que madame Valtone aimait à le poursuivre. Les malheurs de M. Bussy étaient passés en proverbe à Blanfort, et lorsque le soir, durant la veillée, au coin des feux clairs de l'automne, ou dans les sentiers effeuillés, Noëmi disait gravement : — Monsieur Bussy, contez-nous donc un de ces malheurs que vous contez si bien, — madame de Belnave elle-même ne pouvait s'empêcher de sourire. Enfin Noëmi manœuvra de telle sorte, qu'en moins de quinze jours elle dépouilla George de ses grands airs, de son manteau couleur de muraille, de sa bonne dague de Tolède, et qu'il ne resta plus de Bussy qu'un garçon bien portant, digne en tout point de faire partie du jury et de la garde nationale, et beaucoup meilleur au fond qu'il ne le prétendait lui-même.

Je ne pense pas qu'il y ait au monde une position plus critique que celle de l'homme qui se sent dépoétisé sous les yeux de la femme qu'il aime. George accepta en homme d'esprit les railleries de madame Valtone, mais il en saisit le véritable sens, et, en homme d'esprit, il comprit vaillamment qu'il jouait le rôle d'un sot. Au bout de trois semaines, il prétexta des affaires qui le rappelaient impérieusement à Paris. Il avait vu toutes ses batteries enclouées, toutes ses ficelles découvertes, toutes ses pièces d'or changées en cuivre. La place n'était plus tenable. Il partit, mais altéré de vengeance. Près de s'éloigner, il jeta à Noëmi un regard fier et dédaigneux, auquel elle ne répondit que par un calme sourire. Comme les anges, elle triomphait sans orgueil. Aussitôt que George eut disparu, au détour du sentier, madame Valtone, par un mouvement spontané, attira Marianna sur sa poitrine, et l'y tint long-temps embrassée. Elle ne savait pas, la noble femme, qu'elle venait de perdre sa sœur en croyant la sauver.

Madame de Belnave n'avait pas entrevu bien nettement le but dans lequel Noëmi s'était attachée à déprécier Bussy; mais elle avait souffert dans l'amour-propre de l'homme qu'elle aimait, et, pour le venger, elle se crut obligée à lui faire une part plus large et plus belle. D'ailleurs, sous la froide raison de Noëmi, George avait grandi aux yeux de Marianna; comme elle, il était incompris; comme elle, méconnu, et madame Valtone n'avait réussi qu'à mettre un lien de plus entre ces deux âmes. Dans sa sagesse inexpérimentée, elle ignorait combien la passion est subtile et glisse aisément entre les doigts qui essaient de la comprimer; combien surtout elle est ingénieuse à s'encourager elle-même, et à se caresser avec les verges destinées à la corriger.

Si, d'un côté, Noëmi avait, à son insu, aggravé le mal au lieu de le guérir, de l'autre, elle avait merveilleusement disposé Bussy à en profiter. George était parti de Blanfort comme un sanglier blessé. Aigri par le dépit, irrité par les obstacles, son amour, en s'exaspérant, était devenu passion mauvaise. De retour à Paris, il promit à son orgueil une satisfaction éclatante ; il jura d'immoler Marianna moins à sa tendresse qu'à sa vengeance, et de changer en larmes de désespoir le calme sourire qu'il avait emporté, comme un dernier trait, à son cœur saignant. La veille de son départ, il avait trouvé le moyen d'entretenir Marianna en secret. Il s'était plaint doucement, et pourtant avec quelque amertume, et madame de Belnave, moins par entraînement que par un sentiment de générosité, — elle crut du moins qu'il en était ainsi, — avait livré aux baisers de George son front, ses joues brûlantes et ses cheveux frémissans. Etaient-ils destinés à se revoir un jour? Ce jour, ils n'osaient le prévoir; mais ils devaient s'aimer d'un amour éternel et tromper, par des lettres fréquentes, les ennuis de la séparation. Avant de s'éloigner,

Bussy n'avait pas oublié d'indisposer, par d'habiles insinuations, Marianna contre Noëmi; de lui présenter sa sœur comme une nature sans élévation et sans poésie, complètement incapable de sympathiser avec les âmes d'élite. Il avait classé charitablement MM. de Belnave et Valtone dans le règne minéral et fini par s'apitoyer sur Marianna, qu'il voyait s'étioler et mourir dans cette atmosphère sans soleil.

Les lettres de George ne se firent pas attendre. Grâce aux relations nombreuses que Marianna avait formées à Bagnères, et qu'elle entretenait par une correspondance active, ces lettres purent arriver à Blanfort sans y éveiller aucun soupçon; elles arrivèrent empoisonnées et brûlantes comme la tunique de Nessus. Ce n'est pas que le cœur de Bussy fût un foyer bien ardent; mais ce profond ennui cherchait à se distraire aux jeux de la passion

et parvenait parfois à s'y tromper lui-même.
D'ailleurs, cette liaison, loin de se présenter
sous un aspect vulgaire, réunissait toutes les
conditions romanesques que recherchent avidement les âmes fatiguées, et George y trouvait mille charmes de pureté et d'innocence
qui le reportaient délicieusement aux jours,
déjà si loin, de sa jeunesse. Pour Marianna,
cette correspondance devint toute sa vie; elle
y jeta tous les trésors d'expansion que n'avait
pas su exploiter M. de Belnave; elle s'y déchargea des flots de vie qui l'avaient si longtemps oppressée; tout son être s'y épanouit
en fleurs de tendresse, de passion et de grâces.
Cet échange d'idées et de sentimens absorba
son activité, peupla sa solitude et répandit
sur son existence une solennité mystérieuse.
Lorsqu'après la veillée tout reposait à Blanfort, et qu'on n'entendait plus que le murmure de l'onde qui se mêlait aux longs sou-

pirs du vent, elle s'enfermait dans sa chambre, et là, pareille à ces fleurs étoilées qui se ferment à la lumière et ne s'ouvrent qu'aux baisers du soir, seule, à la lueur de la lampe, astre cher aux amans, elle commençait sa journée : c'était l'heure de son réveil, l'heure à laquelle le soleil paraissait sur son horizon. Alors il se faisait comme une matinée de printemps. Toutes ses joies s'éveillaient et battaient des ailes ; toutes ses pensées de bonheur et d'amour gazouillaient dans son cœur comme une couvée de fauvettes, et, dans le silence des nuits, elle écoutait des voix mélodieuses qui répondaient à celles qui chantaient dans son sein. Nuits recueillies et solitaires, qui ne vous connaît pas ! O nuit, plus belle que le jour ! Les âmes rêveuses qu'étouffe l'atmosphère où s'agitent les hommes aiment à vivre dans ton ombre ! Ton haleine est pure et n'a point passé sur les paroles de la terre ; tes astres sont doux et bienveillans ; tu endors les puissans, et tu livres le monde aux nobles âmes qu'il opprime. Tu es le jour des amans ainsi que le jour des poètes ; ils se lèvent avec tes étoiles et s'éclipsent comme elles aux premiers rayons de l'aube. On nous dit que tu vois parfois, sur les gazons baignés de tes molles clartés, alors que les cités reposent, de blancs fantômes accourir et former des danses légères; mais on ajoute qu'aussitôt que l'aurore a fait pâlir les diamans de ton front, ces enfans de l'air, poussant un cri d'effroi, se dispersent et s'évanouissent, comme des flocons de brume aux premiers feux qui empourprent l'orient. Ah ! dis, ne serait-ce pas là de ces âmes froissées par les tristes réalités que le soleil éclaire ; de ces âmes que le jour offense, et qui t'attendent pour vivre et pour t'aimer !

Ainsi, madame de Belnave s'était créé une

double existence : le jour, calme et sereine, d'une humeur égale et facile, elle se prêtait volontiers aux allures bourgeoises de Blanfort; la nuit, retirée dans sa chambre, elle s'enfermait avec son amour, et la vraie vie commençait pour elle. Que de fois les lueurs du matin la surprirent écrivant encore, ou plongée dans de délicieuses extases ! A peine remarquées à Blanfort, ces longues veilles n'étonnaient personne, et si M. de Belnave songeait à s'en plaindre, c'était seulement dans sa sollicitude pour la santé de cette enfant. Au reste, ces façons d'agir n'étaient point nouvelles, Marianna les avait depuis long-temps adoptées; seulement, les nuits qu'elle consumait autrefois à l'étude, dans le but de mater le cœur par l'esprit et d'user l'âme par le corps, n'étaient plus remplies que par sa correspondance avec George. L'imagination s'égare aisément à ces muets entretiens et la passion y trouve des séductions d'autant plus dangereuses, qu'elle y dispose à son gré de la réalité et que l'éloignement ne lui permet pas d'en toucher les aspérités ni d'en apercevoir les ombres. L'amour de madame de Belnave s'exalta en se racontant; sa plume fut comme une baguette magique sous laquelle elle vit éclore une radieuse image, brillante de toutes les perfections que les femmes prodiguent aux héros de leurs songes. Elle s'enivra de sa création, à laquelle chaque nuit ajouta quelque nouvel attrait, quelque grâce nouvelle. Chacune de ses lettres fut une perle qu'elle détacha de son âme pour en parer le front de son amant. Bientôt l'être qu'elle aimait n'exista plus que dans sa tête. George bientôt ne fut plus pour elle qu'un prétexte au déploiement de ses facultés, un canevas aux broderies de sa pensée, un thème aux divines mélodies qui chantaient en elle. Elle se fit, à son insu, l'artiste de son bonheur; elle crut s'éprendre de George, et ne s'éprit que de son œuvre. Œuvre d'enthousiasme, de jeunesse et de foi! mais, comme le génie qui s'ignore, elle s'agenouillait devant ce beau poëme, sans soupçonner qu'elle pût en être à elle seule toute la poésie aussi bien que tout le poète. Joyaux dignes d'enrichir la cassette d'un roi, ses lettres furent tour à tour l'expression brûlante de son cœur et le récit détaillé de ses jours; elle se raconta tout entière. Tout ce qui sentait, pensait et respirait en elle, gravita vers Bussy, comme le feu du ciel remonte vers sa source, comme les parfums de la terre remontent vers le soleil. Quant aux lettres de George, ce dut être de ces épîtres amoureuses qui font que la femme qui les reçoit prend Werther en souverain mépris et Saint-Preux en pitié profonde. Il n'est pas une femme qui n'ait la prétention d'être ou d'avoir été plus éloquemment aimée

que ne le furent Charlotte et Julie. George
était d'ailleurs un garçon d'esprit qui savait,
au besoin, dévider des périodes, passementer
des phrases, semer la métaphore dans le style
comme des bleuets dans les sillons, coudre
l'épithète au substantif et poudrer le tout à
paillettes d'or. Tout ce brocart n'était à vrai
dire que tapisserie de brocatelle, dont le par-
filage aurait donné moins d'argent que de
soie, et moins de soie que de coton. Mais
madame de Belnave était trop enivrée pour
ne pas se méprendre aisément sur la qualité,
et Noëmi, qui aurait pu réduire tout ceci à
sa juste valeur, n'était point invitée à en
connaître. En amour, les femmes se confient
bien à une amie; à une sœur difficilement,
fût-elle une sœur bien-aimée.

Ainsi, le temps fuyait, emportant Marianna
sur les ailes de la passion, et promenant madame Valtone dans les sentiers vulgaires de

la vie domestique. Depuis le départ de Bussy, il s'était établi entre les deux sœurs un sentiment de gêne et de contrainte qui, d'abord presque imperceptible, avait fini par grandir et peser sur leur intimité. Le souvenir de Bussy avait élevé entre elles comme un mur de glace, et, bien qu'il ne fût jamais question de cet homme dans leurs discours, Marianna comprenait vaguement qu'elle était devinée, Noëmi, qu'elle était importune. D'ailleurs, madame de Belnave, qui ne pardonnait pas à sa sœur le calme et le bonheur dont celle-ci semblait jouir, éprouvait auprès d'elle ces mouvemens de malaise et d'humeur qu'éprouvent les gens qui ne font rien auprès de ceux qui travaillent. Pour M. de Belnave, il n'imaginait pas qu'il pût y avoir quelque chose de changé dans son ménage. Il aimait sa femme, et se trouvait suffisamment aimé; il n'exigeait rien de plus que ce qu'il lui donnait lui-même. Heureux, il la croyait heureuse, et tous deux vivaient dans un parfait équilibre d'estime et d'affection réciproques; car, il faut bien se le dire, Marianna aimait son mari. Les premiers jours de son bonheur n'avaient pas été sans remords, mais comme, après tout, M. de Belnave ne s'était jamais inquiété de réclamer, pour son propre compte, la part qu'elle faisait à Bussy, elle avait fini par jouir paisiblement d'un amour qui ne dépouillait personne, et qui lui semblait n'apporter aucun préjudice réel aux félicités conjugales.

L'hiver avait passé; les bois reverdissaient au souffle du printemps; toutes les joies s'éveillaient et chantaient sous le ciel; les brises, parfumées de violettes et d'aubépine, couraient le long des traînes; les oiseaux se poursuivaient dans les haies; les insectes bruissaient dans les sillons; tout n'était que parfum, harmonie, amour, espérance. Malheur alors au cœur qui ne peut plus aimer! C'est au milieu de ces flots de sève et de vie qui débordent de toutes parts, que les âmes flétries avant le temps se reploient douloureusement sur elles-mêmes, remplies d'une solitude mortelle. L'éclat des beaux jours ne fait qu'irriter leur impuissance ; le luxe des champs et des bois insulte à leur stérilité, et, sous l'azur des cieux et sur la verdure de la terre, leurs ruines se revêtent d'un aspect plus morne et plus sombre. A la riante et belle jeunesse, les forêts aux vertes senteurs, les sentiers mystérieux, les gazons embaumés, les prairies étoilées de fleurs! Mais à vous, que l'orage a brisés et qui n'êtes plus qu'un débris de vous-mêmes, à vous, tristes enfans, des jours plus graves et plus austères, qui ne vous sollicitent point au bonheur et ne demandent rien à votre indigence; à vous,

l'automne aux splendeurs voilées, au soleil
mourant, aux rameaux dépouillés ! Alors, du
moins, tout pleure autour de vous ; comme
vous, tout décline, tout pâlit, tout s'efface,
et, comme en votre cœur les souvenirs flétris,
les feuilles desséchées, emportées par le vent,
se plaignent tristement dans la plaine.

Il y avait bien long-temps que Marianna
n'avait assisté, sans une excitation secrète et
maladive, au retour de la belle saison. Ce
n'était pas l'impuissance des âmes dévastées
qui jadis s'irritait en elle, mais au contraire
une exubérance de vie qui s'indignait de se
sentir comprimée, lorsque la sève coulait autour d'elle à pleins bords, que les bourgeons
éclataient, que les plantes germaient, et que
toute la terre, joyeuse et rajeunie, verdissait,
chantait, bruissait et s'épanouissait au soleil.
Alors, elle s'agitait sans but ; elle pleurait
sans comprendre la cause de ses larmes ; elle

cherchait les champs avec ardeur et les fuyait
avec colère; et, lorsqu'en traversant les prairies, elle voyait deux fleurs fraîchement
entr'ouvertes qui se balançaient dans un
même rayon de lumière, elle passait sombre
et rêveuse et se demandait pourquoi Dieu l'a-
vait faite moins heureuse que l'ancolie ou que
la germandrée. Cette fois, aussi jeune, aussi
belle que lui elle salua le printemps des mille
joyeux cris de son âme. Elle pleura, mais de
volupté, et madame de Valtone, étonnée de
la voir sereine comme le ciel, vive et légère
comme l'oiseau, épanouie comme les plantes,
l'observait parfois avec inquiétude, et se demandait si tout ce bonheur était bien la conquête de la résignation.

Ce fut à cette époque que M. de Belnave
se vit appelé à Paris par les intérêts de sa
maison. La révolution de Juillet venait de
frapper le commerce dans toutes ses branches;

CHAPITRE IV.

les fortunes les plus solides chancelaient ; la défiance était partout et l'argent nulle part. M. de Belnave avait à Paris une sœur qui l'avait sollicité plus d'une fois de lui amener Marianna, et, de son côté, Marianna avait manifesté souvent le désir de voir Paris, qu'elle ne connaissait pas. L'occasion était belle ; il en profita. Il proposa à sa femme le voyage de la capitale : elle accepta et partit avec joie.

Noëmi, en la voyant partir, sentit son cœur triste jusqu'à la mort.

V

Marianna entra dans la capitale par une de ces journées resplendissantes où Paris est inondé de vie et de lumière. Les quais étincelaient : les tours de Notre-Dame, la Cité, les Tuileries, le Louvre, nageaient dans l'or et dans l'azur. Les brises printanières éparpillaient dans l'air les parfums enlevés aux coteaux boisés d'alentour. Partout la foule se pressait, cette foule parisienne, si triste, si sombre par la brume et la boue, mais si accorte, si coquette, si pleine de belle humeur quand elle marche sur des pavés secs, sous un ciel pur et serein. Les voitures se croisaient en tout sens. Les bataillons passaient, musique en tête : le vent se jouait dans les flammes et dans les aigrettes; les baïonnettes reluisaient, comme la pluie d'orage au soleil. Les princes sortaient du Carrousel : les tambours battaient aux champs, les clairons retentissaient. Quel bruit! quel luxe! quel mouvement! quelle fête! Pour gagner l'hôtel de la sœur de M. de Belnave, la chaise de poste glissa sur les quais et traversa la place Louis XV. Les équipages volaient dans la poudre des Champs-Elysées. Les amazones couraient aux bois, emportées par leurs cour-

CHAPITRE V. 427

siers rapides. Les orangers du Jardin-Royal exhalaient leurs jeunes senteurs; le grand bassin envoyait au ciel son jet de cristal qui retombait en poussière irisée ; les massifs de maronniers balançaient leurs panaches blancs et secouaient leur neige odorante sur un parterre de femmes et de fleurs. La chaise était découverte, et Marianna admirait tout, plongée dans une muette extase. Chaque tour de roue lui révélait un monde. Elle comprenait que la vie était là, et que jusqu'alors elle n'avait fait qu'exister.

Les deux voyageurs étaient attendus par la sœur de M. de Belnave : veuve, riche, plus âgée que son frère, madame Salsedo vivait depuis long-temps dans la retraite. Ses goûts et ses principes, autant que sa santé débile, l'avaient de bonne heure éloignée du monde. C'était d'ailleurs une femme d'une rare bonté, qui savait pardonner aux gens bien portans et sourire de bonne grâce à la jeunesse. Elle accueillit Marianna comme une fille chérie, et après avoir installé les deux époux dans l'appartement préparé pour les recevoir, elle leur laissa toutes les aises d'une hospitalité qui ne cherche qu'à se faire oublier.

Officiellement prévenu de leur arrivée, Bussy ne tarda point à se présenter, et M. de Belnave le reçut avec cette cordialité chaleureuse dont la recette se perdra sans doute avec la race des maris. Il est juste de dire que George y répondit par une merveilleuse assiduité de petits soins et de complaisances, et qu'il se mit tout entier à la disposition de ses deux amis, ayant déclaré tout d'abord qu'il considérait Paris comme sa maison, et qu'il se croyait obligé à leur en faire les honneurs. George était une de ces oisivetés élégantes qui ont l'intelligence de toutes les spécialités sans en posséder aucune, un de ces parasites de la littérature et des arts, qui promènent leur ennui de l'atelier du peintre au sanctuaire du poète, et, sans avoir jamais rien fait, jouissent de tous les bénéfices du talent et de la célébrité. Au courant de tout, il sut se rendre nécessaire à M. de Belnave, qui n'était au courant de rien, et qui s'estima fort heureux de pouvoir se reposer sur lui du choix des plaisirs et des distractions.

Il faut convenir que, pour une âme impatiente du joug, pour une tête ardente, pour un cœur enthousiaste, c'était une admirable époque que celle durant laquelle Marianna visitait Paris : une époque dont les turbulentes influences atteignaient les natures les plus molles et les plus paisibles. Paris sentait encore la poudre : c'était encore dans ses murs comme un lendemain de bataille. La révolte était dans l'air et l'émeute partout : dans les rues, dans les livres, aux théâtres. Il y avait dans tous les esprits un besoin fiévreux de trouble et d'agitation qui se prenait à toutes choses. Ebranlée par un choc violent, la société venait de vomir à sa surface les passions bonnes et mauvaises qu'elle avait long-temps couvées dans son sein ; et, à la voir courant échevelée de côté et d'autre, vous l'eussiez crue prise de vin. Paris renouvelait les saturnales de l'ancienne Rome, ou plutôt, sans aller si loin, c'était le Paris de la Fronde, remuant, bruyant, tapageur ; guerroyant avec la plume aussi bien qu'avec l'épée ; se raillant de tous les partis ; ne sachant trop ce qu'il voulait, mais ne voulant rien de ce qui était ; avide de bruit et de changement, applaudissant à toutes les rébellions, prêtant la main à tous les désordres, et, comme le Paris de la Fronde, comptant avec orgueil des héros jeunes et vaillans, des héroïnes jeunes et belles; car cette bizarre époque avait, comme sa sœur aînée, ses duchesses de Montpensier, de Longueville et de Montbason ; car, dans cette grande confusion, les sexes mêmes étaient confondus. Le caractère primitif de la femme menaçait de s'effacer et de se perdre ; la femme s'était constituée apôtre militant. Ce n'étaient plus ces créatures de grâces et de tendresse qui, jusqu'alors, avaient régné par leur faiblesse, et ne s'étaient point enquises de leurs droits, tant elles avaient de doux priviléges, plus forts, plus puissans que les nôtres.! Ces types charmans, qui fleurissaient aux beaux jours de la belle société française, étaient remplacés par un type de femmes raisonneuses, fières et viriles, qui se mêlaient à nos luttes, descendaient dans l'arène, combattaient à nos côtés, et nous étonnaient parfois par leur mâle et bouillante audace. Tout était remis en question; les institutions sociales aussi bien que les institutions politiques et religieuses, les maris aussi bien que les dieux et les rois. Ce n'étaient de toutes parts que blasphêmes contre les lois, ironies sanglantes contre le mariage, aspirations effrénées vers un avenir meilleur. Toutes les places regorgeaient de législateurs de vingt ans, qui trouvaient le Christ un peu vieilli, et voulaient bien le suppléer dans le soin de diriger l'humanité. Dans leur évangile, la souffrance était présentée comme une impiété, la résignation comme une lâcheté, la protestation comme un devoir. Ils affranchissaient la femme et divinisaient l'amour. Que vous dirai-je? Le vieux monde tremblait sur sa base; un monde nouveau semblait près d'éclore. La rage de destruction et de réédification s'était emparée de tous les courages, et il ne se rencontrait partout |que gens portant le] glaive d'Attila d'une main et la lyre d'Amphion de l'autre. Hélas! ainsi que le glaive, la lyre fut impuissante. Rome est encore debout : les murs de Thèbes rampent sous l'herbe. Qui nous dira où sont allés tant de nobles efforts et tant de belles espérances? Mais quel séjour, quelle patrie que ce Paris d'alors pour Marianna, qui le voyait pour la première fois ! Que de flatteurs, que de courtisans, que de complices durent partout l'accueillir, l'encourager et lui sourire! Que de muettes sympathies, que de mystérieuses attractions entre cette âme et toutes ces âmes! Et avec quel art, avec quelle adresse George ne sut-il pas exposer cette imprudente ardeur à toutes celles qui pouvaient l'égarer !

Tout ce remue-ménage social n'avait éveillé que de médiocres sympathies dans l'esprit de M. de Belnave. C'était là cependant un homme de travail et fils de ses œuvres; mais l'audace des novateurs effrayait le paisible industriel qui, se méfiant un peu des expériences de nos Platons modernes, trouvait qu'au bout du compte le vieux monde n'allait pas trop mal. Essentiellement progressif en métallurgie, il avait sur la propriété, sur la famille et sur la destinée de la femme, des vues passablement étroites. Marianna s'irrita de ce sens droit et positif que les cœurs neufs et fervens accusent trop souvent d'égoïsme. Elle applaudit à tous les essais de réforme avec un enthousiasme que George encourageait en secret, et qui faisait sourire M. de Belnave. Elle battit des mains à toutes les utopies généreuses; elle ouvrit son espoir à tous les rêves d'avenir; elle crut entendre le bruit de la vieille société qui croulait; elle vit dans ses songes une société triomphante qui surgissait au milieu des ruines; elle écouta de jeunes âmes qui l'invitaient en chantant des hymnes de bonheur et d'amour. Ce fut pour elle un enivrement véritable! Sa passion ne fit que s'exalter dans cette chaude atmosphère, et George, s'il avait pu se contenter d'un bonheur désintéressé, aurait été heureux entre tous : car jamais flamme plus pure n'avait brûlé dans un cœur plus ardent. Mais il y avait longtemps que Bussy n'en était plus aux extases de l'amour éthéré; et d'ailleurs, sa vanité, cette monstrueuse vanité de l'homme, le poussait impérieusement à venger la défaite et les humiliations qu'il avait essuyées à Blanfort.

Cependant les affaires de M. de Belnave étaient traversées par mille difficultés. A peine venait-il de parer victorieusement au danger qui l'avait attiré à Paris, qu'il reçut avis d'un sinistre nouveau qui le menaçait à Saint-Étienne. La présence de M. Valtone était nécessaire à Blanfort, et les intérêts de l'association, quoique assez faiblement compromis, rendaient la présence d'un des deux associés indispensable à Saint-Étienne. Décidé à partir, M. de Belnave annonça sa résolution, en promettant un prompt retour.

A cette nouvelle, Marianna fut prise d'un vague sentiment de terreur. Pour la première fois, elle se défia d'elle-même. Elle alla noblement à son mari, et lui manifesta le désir de l'accompagner. M. de Belnave lui fit observer que le retour suivrait immédiatement le départ, que ce voyage ne saurait lui offrir aucun charme, et qu'elle n'en rapporterait que des souvenirs de fatigue et d'ennui. Marianna insista. Elle avait toujours été curieuse de voir un chemin de fer, et l'occasion de satisfaire cette curiosité pouvait ne se représenter jamais. M. de Belnave lui fit remarquer en souriant que cette curiosité ne l'avait jamais tourmentée d'une façon bien vive, puisqu'elle se révélait pour la première fois; et, comme Marianna insistait encore, il chercha à lui démontrer que sa présence à Saint-Étienne serait pour le moins étrange, au milieu des graves intérêts qu'il allait y défendre, et qu'elle nuirait infailliblement à la célérité de ses opérations. Marianna allait repliquer, quand survint madame Salsedo, qui se mêla à cette petite discussion conjugale. Après avoir écouté les deux partis, elle approuva chaleureusement son frère, et se tournant vers sa belle-sœur :

— Chère enfant, lui dit-elle avec bonté est-ce donc moi que vous redoutez? Je sens que je ne puis être pour vous une compagne bien agréable, mais vous savez que je ne suis point importune. En persistant dans votre résolution, ne m'autoriseriez-vous pas à croire que vous cherchez un prétexte pour fuir Paris, et que ce n'est pas Paris que vous fuyez?

Madame Salsedo venait de placer la question

sur un terrain où Marianna aurait eu mauvaise grâce à combattre. Madame de Belnave n'insista plus. Elle resta par ménagement pour les susceptibilités de sa belle-sœur, mais bien heureuse au fond de pouvoir concilier sa passion avec son devoir, son amour avec sa conscience.

Loin de Paris, sur les bords de la Creuse, il y avait un ange qui priait tous les jours pour elle.

VI.

M. de Belnave trouva à Saint-Étienne des affaires plus sérieuses et plus compliquées qu'il ne l'avait prévu, et son séjour s'y prolongea au-delà du temps qu'il s'était assigné d'abord. Il écrivit à M. Valtone et à Marianna; à l'un, pour le mettre au courant de ses opérations, à l'autre, pour la rassurer. Par je ne sais quelle réserve que les âmes délicates et les esprits déliés s'expliqueront peut-être, Marianna, dans ses lettres, n'osa point instruire sa sœur de l'absence de son mari, et par un autre motif plus facile à comprendre, M. Valtone cacha à Noëmi le séjour de M. de Belnave à Saint-Étienne. Par cette discrétion, il s'épargna l'ennui d'expliquer à madame Valtone la nécessité de ce voyage; d'ailleurs c'était une vieille habitude entre les deux amis de ne point mêler leurs femmes au mouvement de leurs affaires, et de les préserver ainsi des ennuis rongeurs du commerce. Noëmi ignora donc les dangers auxquels était exposée sa sœur, et put croire que M. de Belnave n'avait point cessé de veiller sur elle. Cependant les lettres de Marianna devenaient plus rares : embarrassées dans l'expression, chaque phrase y révélait un sentiment de gêne et de contrainte, et madame Valtone, en les lisant, se sentait oppressée par une mortelle inquiétude.

Au bout de quinze jours, les intérêts de l'association ramenèrent directement M. de Belnave à Blanfort. Il arriva en même temps que la lettre qui annonçait son arrivée ; M. Valtone était aux forges. En le voyant descendre seul de la chaise de poste qui l'avait amené, madame Valtone pâlit, et d'une voix altérée :

— Qu'avez-vous fait de Marianna? lui demanda-t-elle aussitôt.

— Marianna est à Paris, répondit-il, et j'arrive de Saint-Étienne.

— De Saint-Étienne ! s'écria Noëmi de plus en plus troublée.

— Je vois bien, répliqua M. de Belnave, que Valtone ne vous a instruite de rien : mais, Dieu merci ! les choses vont mieux que nous n'avions osé l'espérer. Les temps sont mauvais, les hommes ne valent guère mieux, mais nous triompherons de tout : faites taire vos inquiétudes.

— Je vous demande ce que vous avez fait de Marianna? répéta madame Valtone.

— Pour Marianna, répondit tranquillement M. de Belnave, je n'ai pas voulu soumettre ses plaisirs aux exigences de nos intérêts : je l'ai engagée à prolonger son séjour à Paris de six semaines...

— Six semaines! s'écria Noëmi attérée.

— Époque à laquelle mes affaires me permettront d'aller la chercher, ajouta-t-il avec une imperturbable assurance. Si d'ici là le mal du pays la tourmente, elle sait qu'elle est libre de revenir à nous : sa femme de chambre l'accompagne, et d'ailleurs il faut bien vous imaginer que le trajet de Paris à Blanfort est une promenade d'enfant.

La foudre en tombant aux pieds de Noëmi l'aurait frappée de moins de stupeur. Elle écoutait son beau-frère d'un air égaré, et celui-ci ne put s'empêcher de lui demander :

— Qu'avez-vous ?

— Rien, répondit-elle : seulement je trouve singulier que vous ayez consenti à laisser Marianna, ainsi seule, à Paris.

— Rien n'est plus simple, répliqua M. de Belnave. Dabord Marianna n'est point seule ; ma sœur est heureuse de l'avoir auprès d'elle...

— Sans doute, dit Noëmi en affectant une sécurité qui était bien loin de son cœur. — Et comme M. Valtone accourait : — ce que vous avez fait est bien fait, ajouta-t-elle en refoulant dans son sein les mille pensées qui l'agitaient.

M. Valtone s'empara de M. de Belnave, et la discussion des affaires absorba le reste de la journée. Vers le soir, la conversation prit une tournure moins grave, et Noëmi put y prendre part. Il fut question de la capitale, de ses plaisirs et de ses fêtes. Cachant sa sollicitude alarmée sous un air de curiosité féminine, Noëmi interrogea son beau-frère sur le séjour de sa sœur à Paris. M. de Belnave n'épargna point les détails; il exalta surtout le dévouement de Bussy, et se loua de la façon toute charmante avec laquelle George avait pris sa revanche sur l'hospitalité de Blanfort. Noëmi l'écoutait avec une anxiété avide; dans les lettres de Marianna, il n'avait pas été question une seule fois de George Bussy.

M. de Belnave se retira de bonne heure. Restée seule avec son mari :

— Mon ami, lui dit Noëmi d'une voix brève, as-tu confiance en moi?

— Comme en Dieu, répondit sans hésiter M. Valtone.

— Eh bien! si j'étais obligée de m'absenter

durant quelques jours, si ma présence était nécessaire à Vieilleville ou ailleurs, si mon départ avait besoin d'un impénétrable mystère, si les motifs devaient en être ignorés de tous, même de toi, s'il me fallait partir, partir seule, sans autre confident que moi-même, sans autre guide que ma volonté, que dirais-tu?

En parlant ainsi, la douce Noëmi avait un air si décidé, si grave, si solennel; ses paroles contrastaient si singulièrement avec ses habitudes paisibles et sédentaires, que M. Valtone, la regarda d'un air étonné, et ne lui répondit pas.

— Eh bien! demanda-t-elle avec ce ton de caressante humilité que les femmes savent si bien prendre, de ce ton qui supplie et commande à la fois.

— Eh bien! tu partirais, répondit enfin M. Valtone qui pensa que sa femme voulait se jouer de lui, et mettre sa confiance à l'épreuve.

— Mon ami, dit-elle en l'embrassant, c'est bien. Demain tu m'accompagneras jusqu'à Châteauroux ; là, tu me laisseras libre et seule. Pour M. de Belnave et pour les gens de la maison, je serai partie pour Vieilleville.

— Et pour moi ?

— Pour toi, je vais où Dieu m'appelle.

— Ah ça! parles-tu sérieusement? s'écria M. Valtone, qui ouvrait des yeux grands comme des fourneaux.

Effrayée elle-même de la solennité de ses propres paroles, madame Valtone pensa qu'il était prudent de donner à la démarche qu'elle méditait le moins d'importance possible, et comme, en toutes choses, le mystère entraîne toujours les imaginations les plus rassises au-delà de la réalité, comme il répugnait d'ailleurs à cette âme honnête d'agir en secret de son mari, et de mettre en lui moins de confiance qu'il n'en mettait en elle, Noëmi se décida à tout révéler à son époux, mais en dissimulant toutefois la gravité de ses pressentimens.

— Ecoute, lui dit-elle en s'appuyant coquettement sur l'épaule de M. Valtone, voilà ce qui se passe, une niaiserie, un enfantillage, rien qui mérite une préoccupation sérieuse, et peut-être me trouveras-tu bien folle de prévoir le mal de si loin. Tu sais ce monsieur Bussy qui a connu Marianna à Bagnères, ce monsieur George Bussy, qui a passé trois semaines à Blanfort, et de qui M. de Belnave se louait ce soir avec tant d'enthousiasme?

— Eh bien! cria l'impatient industriel.

— Eh bien! mon ami, dit Noëmi en le regardant d'un air fin et doucement railleur, comment se fait-il que toi, qui as de l'esprit, une rare perspicacité, une clairvoyance qu'on ne trompe guère, tu ne te sois pas aperçu que, durant son séjour à Blanfort, ce monsieur Bussy...

Elle s'interrompit un instant, et comme M. Valtone la regardait d'un air effaré :

— Tu ne t'es aperçu de rien ? lui dit-elle.

— Au diable les femmes ! s'écria-t-il avec humeur.

— Au diable les maris ! fit-elle. Ainsi, monsieur mon époux, vous avez pensé pieusement que notre hôte n'était venu ici que pour tirer sa poudre aux mésanges, et que le fer de vos usines était l'unique aimant qui l'attirât à Blanfort. Vous êtes digne de l'âge d'or, et recevez mes complimens, ajouta-t-elle en lui faisant une gracieuse révérence.

— Mort de ma vie ! s'écria M. Valtone en se frappant le front, j'ai deviné.

— Vraiment ! dit Noëmi en croisant ses mains d'un air tragique et comique à la fois.

M. Valtone avait passé au service plusieurs

années de sa jeunesse, et il en avait conservé des habitudes quelque peu soldatesques. Ainsi, par exemple, il traitait militairement toutes les questions d'honneur, et n'imaginait pas que la moindre offense pût ne pas entraîner un rendez-vous sur le terrain. Aussi, son premier mouvement fut-il de prévenir M. de Belnave, et de lui mettre au poing la garde d'une épée ou la crosse d'un pistolet. Noëmi eut bien de la peine à lui faire comprendre qu'en agissant de la sorte, il ruinerait le repos de M. de Belnave et la réputation de Marianna, et qu'une telle réparation serait mille fois pire que l'offense.

— D'ailleurs, ajouta-t-elle, qu'y a-t-il donc en tout ceci qui puisse tant te révolter? M. Bussy est jeune; Marianna est belle. Peut-être ont-ils été, lui, un peu étourdi, elle, un peu légère. Mais, pour Dieu, mon ami, ne va pas croire...

— C'est égal, c'est égal ! répliqua M. Valtone ; il faut que de Belnave coupe les oreilles à ce gaillard-là, afin que les maris le reconnaissent et se défient de lui. Ah ! mon petit monsieur, ajouta-t-il en se frottant les mains et en se promenant dans la chambre, vous vouliez nous en donner à porter ! Ah ! vous couriez deux lièvres à la fois ! Ah ! vous chassiez sur toutes nos terres ! Patience, mon cher fils, patience ! nous allons régler nos comptes.

Dans l'habitude générale de la vie, M. Valtone était convaincu qu'il dominait sa femme ; mais il n'en était rien, et Noëmi exerçait sur lui une domination véritable, si douce, il est vrai, qu'il ne la sentait pas : c'était l'empire de la grâce et de la raison. Après avoir jeté sa colère, M. Valtone finit par entrevoir qu'il serait peu sage d'éveiller pour si peu de chose les soupçons de M. de Belnave, et qu'il était plus prudent de laisser à Noëmi le soin de

CHAPITRE VI. 151

mener à bien toute cette affaire. C'était un homme, sinon d'une vaste intelligence, du moins d'un sens honnête et docile à la main qui savait le diriger. Abandonné à ses seules lumières, il voyait difficilement le but; mais il suffisait de le lui indiquer pour qu'il y marchât droit et ferme. Après avoir renoncé à ses plans de bataille, il s'effraya long-temps à l'idée de jeter sa femme aux grands chemins, et de l'envoyer toute seule à Paris, ville de perdition, ainsi qu'il l'appelait lui-même. Mais Noémi insista avec tant de force et de courage, elle mit tant de bonne foi à se rire elle-même des dangers que son mari lui faisait entrevoir, elle lui démontra si bien qu'il s'agissait du bonheur de leurs deux amis, et qu'elle seule pouvait y toucher sans le compromettre, elle plaisanta avec tant d'esprit le rôle d'héroïne qu'elle allait jouer sur la scène du monde, elle fut en un mot si charmante, si pleine d'entraînement et de séductions de tout genre, que M. Valtone finit par céder et par l'aider lui-même à préparer son petit bagage. Le lendemain, tous deux partirent à la pointe du jour. Arrivés à la ville, ils passèrent ensemble le reste de la journée, et, vers le soir, après s'être embrassés, tous deux s'éloignèrent, l'un emporté par son cabriolet vers Blanfort, l'autre vers Paris par la malle-poste.

La malle volait; les chevaux avaient des ailes : ils parurent de plomb à l'impatience de Noëmi. Paris semblait fuir devant elle, et son regard avide le demandait à chaque horizon. C'est que la sécurité qu'elle avait affectée vis-à-vis de M. Valtone était bien loin de son cœur ! Enfin, après de longues heures d'indicibles angoisses, elle entra dans ce Paris qu'elle ne connaissait pas. C'était la nuit, le silence enveloppait la cité. Noëmi traversa

sans pâlir ce labyrinthe aux mille détours ;
une seule pensée, un unique effroi occupaient
son âme. Elle se retira, pour achever la nuit,
dans un hôtel garni de la rue Jean-Jacques-
Rousseau, proche l'hôtel de la Poste. Là,
elle remercia Dieu qui l'avait inspirée, et,
après avoir prié avec ferveur, elle se jeta sur
son lit pour attendre le jour. Sa tête était
brûlante et ses membres brisés. Bientôt la
fatigue du corps triompha des anxiétés du
cœur : elle dormit d'un sommeil de plomb ;
lorsqu'elle s'éveilla, le soleil entrait à pleins
rayons dans sa chambre.

Elle se leva à la hâte. Ce fut un grand étonnement pour les gens de l'hôtel où elle s'était
réfugiée, que de voir cette femme, si jeune
et si belle, jetée sans protecteur au milieu de
Paris qu'elle voyait pour la première fois.
Elle supporta sans faiblir les mines railleuses
qui l'accueillirent sur son passage ; elle savait

sa cause noble et sainte. A peine levée, elle monta dans une voiture de place, et se fit conduire à la demeure de madame Salsedo. En traversant cette foule agitée qui se pressait de toutes parts, elle sentit redoubler ses terreurs, et ses regards plongèrent avec effroi dans ce gouffre aux mille voix qui grondaient autour d'elle.

— O mon Dieu! se disait-elle, en est-il temps encore? Seigneur, avez-vous entendu les vœux que je n'ai point cessé de vous adresser? Avez-vous veillé sur cette enfant abandonnée que je vous confiais dans mes prières? Lui avez-vous envoyé un de vos anges pour la défendre, un rayon de votre sagesse pour l'éclairer? M'avez-vous conservé ma sœur, et n'arrivé-je pas trop tard pour recueillir les fruits de votre protection?

La voiture s'arrêta. Madame Valtone en descendit. Guidée par le concierge, elle se

CHAPITRE VI.

dirigea vers l'appartement qu'occupait madame de Belnave. Près de sonner, elle sentit ses jambes se dérober sous elle et son cœur mourir dans sa poitrine. Elle sonna!

— Ah! bénie soyez-vous d'être venue, madame! lui dit Mariette, la femme de chambre de Marianna. Depuis quelques jours, ma pauvre maîtresse est bien triste!

— Où est ma sœur? demanda Noémi, blanche comme un linceul.

La femme de chambre indiqua la porte du salon. Madame Valtone l'ouvrit et la ferma; puis elle s'arrêta immobile à contempler Marianna, qui ne l'avait point entendue et qui ne la voyait pas.

Accoudée sur une table, la tête appuyée sur une main, dont les doigts se perdaient dans les boucles de sa chevelure, le front pâle, le visage amaigri, madame de Belnave semblait abîmée dans une méditation douloureuse. Ses lèvres étaient décolorées, ses cheveux en désordre, et tout son corps affaissé sous un sentiment de morne désespoir. Elle demeura long-temps ainsi. Enfin, ayant levé les yeux, elle aperçut sa sœur qui se tenait debout devant elle. La malheureuse poussa un cri déchirant, et, cachant sa tête dans ses mains, elle se prit à sangloter. Noëmi se laissa tomber sur un siége, et toutes deux restèrent muettes : leurs larmes se parlaient et se comprenaient trop bien !

Après un long silence, madame Valtone s'approcha de sa sœur, et, lui prenant la tête entre ses mains, elle l'attira sur sa poitrine et l'y garda long-temps embrassée.

— C'est un grand malheur ! lui dit-elle enfin ; nous passerons notre vie à le pleurer ensemble.

— Ah ! s'écria Marianna avec désespoir, tu n'as plus de sœur, M. de Belnave n'a plus d'épouse : tout est perdu pour moi ! Je ne dormirai plus sous le toit de Blanfort.

— O ma bien-aimée sœur ! dit Noëmi en lui jetant au col ses bras éplorés, ne parle pas ainsi, car il me semble déjà que tu m'es devenue plus chère.

— Hélas ! dit Marianna en s'arrachant des bras qui l'enlaçaient, tant de bonté m'accable, et vous me tuez en m'absolvant.

— Viens, lui dit Noëmi en la pressant de nouveau sur son sein ; viens, partons, ne reste pas plus long-temps dans ce Paris qui t'a perdue ! Pauvre enfant, tu n'es pas coupable, tu n'as été qu'égarée ; d'ailleurs, il n'est pas de vertu dans tout son éclat qui soit plus douce au ciel que le repentir, humble et priant dans l'ombre. Viens, Marianna, viens, ma sœur ; nous lutterons, nous souffrirons ensemble ; nous porterons à nous deux le poids de tes douleurs, et un jour viendra peut-être où Dieu te rendra en larmes de joie les larmes que tu auras versées en expiation de tes fautes d'un jour.

Marianna secoua tristement la tête; pour toute réponse, elle indiqua du geste une lettre qu'elle venait d'écrire, et qui n'attendait plus que le cachet. Madame Valtone la prit, en déploya d'une main tremblante les feuillets encore tout humides, et les lut à travers ses pleurs. Adressée à M. de Belnave, cette lettre respirait la sombre exaltation du remords et du désespoir. C'était bien le remord et le désespoir qui l'avaient dictée; elle était bien le cri d'une âme éperdue et meurtrie de sa chute. C'est que l'abîme est profond, et que les plus intrépides cœurs n'en touchent point le fond sans pâlir. Les bords en sont décevans, et la passion y conduit ses victimes par des sentiers mollement inclinés. On s'abandonne aisément le long de ces pentes; on se promet d'abord de n'aller que jusqu'à mi-côte. A mi-côte, on hésite; mais en se retournant, on aperçoit encore la fumée du toit domestique. On se rassure ; on croit avoir fait quelques pas à peine; on poursuit. Il semble qu'on pourra toujours enrayer à volonté sur une route si facile. On avance sans crainte sur les gazons fleuris et sous les frais ombrages; tout vous sourit, tout vous invite; l'idée même du danger est pleine de coquetteries agaçantes ; le danger qu'on défie est un attrait de plus. On va toujours. Cependant, la pente devient plus rapide. On veut s'arrêter; il n'est plus temps. Le sol manque, le sentier fuit, le pied glisse ; l'abîme est béant; on y tombe. On y tombe enivré, on s'y relève dans les larmes; car il se fait alors une épouvantable lumière, et, en se voyant exilée de tant de biens qu'on n'apprécie qu'après les avoir perdus sans retour, en se sentant déchue de sa chasteté, cette seconde virginité plus sainte que la première; en contemplant les ruines du passé, l'incertitude de l'avenir et le trouble de l'heure présente, l'âme se replie douloureusement sur elle-même, et se demande avec déchirement comment tout ce désastre, qui promettait de n'arriver jamais, est arrivé si prompt et si terrible. Que faire alors? Comment remonter cette colline si douce à descendre, mais si rude à gravir? Deux voies sont ouvertes ; il faut choisir. Tromper le monde où le braver en face ; recéler l'adultère dans la famille ou le proclamer au grand jour. La première voie est plus généralement fréquentée; la seconde est plus noble; mais, de chaque coté, ce n'est que tourmens et anxiétés, luttes et combats de tout genre, au milieu desquels bourdonne ce fatal instinct qui dit que l'amour n'est point éternel, et qu'en s'éteignant il ne laisse

CHAPITRE VI.

après lui que des tisons noircis et des cendres amères.

Placée entre ces deux écueils, Marianna n'avait pas hésité. La lettre que lisait Noëmi était une confession rigoureuse qui n'omettait que le nom de Bussy. Marianna n'y cherchait pas d'excuses ; elle y rappelait impitoyablement tous les titres de M. de Belnave à son amour et à sa reconnaissance, tout ce qu'il avait fait pour elle, pour sa joie et pour son bonheur. Sa douleur était vraie, et l'expression en était touchante ; mais l'orgueil des anges déchus y perçait encore à travers les larmes. — « Et maintenant que j'ai tout perdu, écrivait-elle en terminant, tout, jusqu'au fier sentiment de moi-même, rapporterai-je auprès de vous les misérables agitations d'un cœur qui ne s'appartient plus ? Non. J'ai failli, je subirai la peine de mon crime ; je saurai vous épargner ma honte. Indigne de votre tendresse, je m'interdis jusqu'à votre pitié. Adieu donc, ô le meilleur et le plus outragé des hommes! Du moins, je n'aurai pas souillé l'air que vous respirez, et votre souvenir, qui me suivra partout dans mon exil, sera mon châtiment et mon désespoir éternels. Hélas! si je n'ai su trouver le bonheur près de vous, c'est que j'étais maudite en naissant. »

Ainsi, la faute prévenait l'arrêt du juge, et, se frappant elle-même, repoussait tout espoir de grâce et de pardon.

Un divorce si éclatant avec le monde devait nécessairement révolter un esprit imbu de toutes les idées sociales.

Madame Valtone froissa silencieusement entre ses doigts la lettre qu'elle tenait encore, et se tournant vers Marianna :

— Ma sœur, lui dit-elle, il y a dans la franchise de vos aveux et dans la rigueur de votre justice une apparente grandeur dont vous êtes dupe, et sur laquelle je dois vous éclairer. Vous vous jugez sévèrement, ma sœur, et vous en avez le droit; mais peut-être seriez-vous plus indulgente envers vous-même, si la sévérité que vous portez dans votre propre cause ne flattait pas à votre insu vos secrètes inclinations. La passion vous abuse, et, noble que vous êtes, vous prenez ses conseils pour les arrêts de votre conscience. Mais croyez-moi, vous ne vous condamnez sans appel que dans la crainte d'être absoute, et la tâche que vous nous imposez est moins un exil qu'une conquête, moins une expiation qu'un triomphe.

— Cruelle! s'écria madame de Belnave; êtes-vous donc venue pour m'accabler !

— Pour vous sauver, enfant, pour vous sauver! répondit madame Valtone avec fermeté : égarée, pour vous ramener dans votre voie; faiblissante, pour vous soutenir; tombée, pour vous relever. Eh quoi! vous vous reconnaissez coupable, et c'est par le désordre d'une vie tout entière que vous allez racheter un moment d'erreur! Le repentir vous mène à la révolte! Il ne vous suffit pas d'être déchue de votre propre estime, il vous faut attirer sur vous la haine et le mépris du monde!

— Ah! oui, le monde! dit Marianna avec amertume; tout est là pour vous autres. Pour vous, faillir n'est rien : c'est le grand jour qui fait le crime.

— Ma sœur, ce n'est pas mon avis. Je n'ai jamais envisagé le respect humain que comme un lien salutaire qui nous attache à nos devoirs, et qu'il est dangereux de briser, alors même que nous avons failli; car le monde est plus puissant que nous : il peut jeter un pont ou creuser un abîme entre la chute et la réhabilitation, entre le repentir et la grâce. Toutefois, je hais le mensonge plus encore que le scandale; et, si vous n'aviez à choisir qu'entre une soumission hypocrite et une rébellion ouverte, je n'hésiterais pas, dût mon cœur se briser, à vous pousser moi-même vers ce dernier écueil! Mais il vous reste une autre voie, rude sans doute, mais qui n'a rien dont puissent s'effrayer les belles âmes : c'est l'expiation par le sacrifice. La passion vous a vaincue; à votre tour, il faut la vaincre. Ce sera une grande lutte qui n'aura que Dieu pour témoin; Dieu vous viendra en aide, ma sœur! Il vous soutiendra dans cette dure épreuve, et moi, je serai près de vous pour essuyer les sueurs de votre front. Tout se répare, tout se rachète. Il n'est point de fautes irrémissibles : Dieu les reçoit toutes à rançon.

— Et M. de Belnave, pardonnera-t-il, lui? demanda Marianna d'une voix étouffée.

— M. de Belnave doit tout ignorer; vos fautes sont à vous, vous devez seule en porter la peine. Vous ne serez pas seule à la porter, ma sœur, mais que votre époux ne soit point frappé dans son repos, dans son amour, dans son bonheur et dans son orgueil; et qu'il puisse vous retrouver un jour sans savoir qu'il vous avait perdue. Voyons, enfant, te sens-tu ce courage? ajouta Noëmi d'une voix moins grave et plus tendre.

— Tu n'aimes pas, toi! dit Marianna d'un air sombre : la résignation te semble bien facile, tu n'as jamais souffert.

— Ma sœur, répliqua madame Valtone, toutes les souffrances ne crient pas. Il est bien des douleurs qui marchent le front calme et serein, bien des tristesses qui n'ont jamais pleuré, bien des cœurs qui boivent leurs larmes. Va, je le sais bien, moi, que la résignation n'est pas chose facile! mais que serait la vertu, si elle ne coûtait point d'efforts?

CHAPITRE VI. 167

— Tu souffres donc aussi! dit Marianna en regardant Noëmi avec un air de douloureux étonnement. Tu souffres! répéta-t-elle avec cette secrète joie du coupable qui, dans un juge redouté, croit apercevoir un complice. Mais tu me trompais donc! mais il est donc vrai que nous ne sommes pas heureuses! Ce bonheur que tu m'accusais de nier, tu n'y croyais donc pas! Ah! dis, que cette existence est lourde et que notre destinée est amère! Dis, est-ce là ce que nous avions rêvé? parle, que sont devenues les promesses de nos belles années? tu t'en souviens, ma sœur, lorsque, seules et libres, nous tressions à notre avenir toutes les fleurs de notre printemps! Quelles n'étaient pas nos espérances alors? quelles aspirations, quel enthousiasme! quelle plénitude de vie, quels trésors de foi, d'amour et de jeunesse! Vous, ma sœur, plus réservée que moi, et déjà moins inquiète de ces joies inconnues qu'appelait mon ardeur, vous cherchiez parfois à modérer les élans de cette âme impatiente de déployer ses ailes. Mais que souvent je vous surprenais à sourire de votre prudence, mais que de fois vous ouvriez votre âme au doux espoir qui caressait le mien! Ah! je ne l'ai point oublié, vous aussi, vous aviez votre soif de félécités; vous aussi, vous sentiez dans votre sein un fleuve de vie qui ne demandait qu'à s'épandre; vous aussi, vous rêviez des tendresses ineffables, des bonheurs sans fin, des voluptés sans nom; vous aussi, dans vos songes, vous posiez votre tête sur un cœur tout brûlant d'une jeune, d'une éternelle flamme!

— Tais-toi, enfant, tais-toi! s'écria Noëmi épouvantée.

— Ah! tu ne pensais pas alors que la vertu exigeât tant d'efforts! tu ne pensais pas qu'elle fût la répression de toutes les nobles facultés que Dieu a mises en nous? La vertu! c'est le monde qui nous l'a faite si rude et si âpre. Dans les intentions de Dieu, la vertu c'est le bonheur.

— Oui, dit madame Valtone, puisque tout bonheur est dans la vertu.

— L'avez-vous trouvé, ma sœur? demanda Marianna d'un air de triomphe.

— Je l'attends, répondit Noëmi d'une voix résignée; on ne moissonne pas avant d'avoir semé. Je souffre, mais je suis pleine de confiance, car il est impossible que Dieu puisse tromper ses créatures.

Marianna secoua la tête d'un air de doute, un sourire amer effleura ses lèvres, elle ne répondit pas. Après un long silence, madame Valtone essaya de nouveau de combattre la résolution de sa sœur, mais vainement, et tous les lieux communs dont peut s'armer la raison en pareille occurence se brisèrent, cette fois comme toujours, contre la tenacité de la passion. C'était moins la passion que l'orgueil qui semblait dominer Marianna; et certes, il y avait bien quelque noblesse dans cet exil volontaire qu'elle s'infligeait elle-même : car, dans sa douleur, elle s'interdisait tout espoir de retour, sinon vers l'amour, du moins vers l'amant qui l'avait perdue; mais l'impitoyable Noëmi lui disait alors :

— Pauvre enfant, vous présumez trop de vous-même. Si vous avez succombé dans votre force, comment résisterez-vous dans votre faiblesse? Si nos bras amis n'ont pu prévenir votre chute, comment vous relèverez-vous sans une main qui vous soutienne? Si votre pied a glissé dans le sentier de vos devoirs, comment marchera-t-il d'un pas plus sûr et plus ferme dans le chemin de vos erreurs?

A ces paroles, madame de Belnavé baissait le front, mais sa volonté demeurait inflexible,

CHAPITRE VI. 171

et madame Valtone, désespérant de vaincre tant de passion ou tant d'orgueil, et supposant naturellement que l'influence de George Bussy n'était pas étrangère à cette obstination, prit hardiment, à l'insu de Marianna, une résolution qui, dans toute autre circonstance, aurait effarouché en elle tous les instincts timorés de la femme. Bussy, en quittant Blanfort, avait laissé son adresse à ses hôtes; madame Valtone fit taire toutes ses répugnances, et se décida à aller trouver cet homme. Si l'on veut bien songer que Noëmi n'était rien moins qu'une femme forte, et seulement une craintive créature, une fille de province, façonnée de bonne heure à tous les scrupules, à tous les préjugés de son sexe; peut-être, tout en convenant qu'elle devait terriblement ennuyer Marianna, trouvera-t-on qu'il y avait quelque héroïsme dans ce dévoûment qui s'ignorait lui-même.

VII.

Georges se trouvait dans une grande perplexité. Il en était à se demander s'il accepterait vaillamment son bonheur, ou s'il reculerait, comme un poltron, devant sa victoire : alternative embarrassante, et peut-être se serait-il abstenu du triomphe, s'il eût prévu que

Marianna dût prendre ainsi sa défaite au sérieux. Mais, la faute commise, en subirait-il les conséquences, ou chercherait-il à les éluder? C'était là la question, et la question était grave.

Je crois avoir dit déjà que George entrait alors dans cette période d'existence qui est au cœur de l'homme ce que le crépuscule du soir est à la terre; dans cet âge, où, près de se retirer, la jeunesse et l'amour projettent sur l'âme qu'ils vont abandonner de mourantes clartés, précurseurs de la nuit éternelle. A l'approche de ces ténèbres qui menacent de l'envahir, l'âme attise avec désespoir les feux de son foyer pâlissant. Elle dit à l'ombre : — Va-t-en! — à l'amour et à la jeunesse : — Ne vous éteignez pas encore! — et sous les voiles qui déjà commencent à l'envelopper, elle s'agite impatiemment pour revoler vers la lumière. Ainsi, il y avait deux natures en Bussy, deux élémens qui se com-

CHAPITRE VII.

battaient et cherchaient à s'absorber l'un l'autre : d'une part, la vie agonisante, qui ne demandait qu'à renaître ; de l'autre, le néant, au pied lent, mais sûr, qui entrait dans son cœur et l'étreignait de sa main de fer. Cet âge qui sépare la jeunesse qui s'achève de la virilité qui commence, où la passion se raidit encore contre la froide raison qui l'écrase, où les illusions expirantes jettent un dernier cri de douleur devant la réalité qui s'avance ; cet âge est un âge terrible, et les luttes et les déchiremens qui l'accompagnent forment le plus triste spectacle que l'homme puisse s'offrir à lui-même.

George en était là, pourtant ! Il y avait en lui une ardente aspiration vers les biens qu'il sentait près de lui échapper. Était-ce seulement un profond ennui qui cherchait à se distraire, ou bien l'effort d'un cœur orgueilleux qui voulait tromper à tout prix le sentiment de son impuissance? Je ne sais, mais toujours est-il que George appelait l'amour. Et certes, en lui envoyant Marianna, son bon ou son mauvais génie l'avait exaucé dans ses vœux les plus chers! Belle, romanesque, exaltée, prompte aux sacrifices, dévorée de la soif des grands dévoûmens, nature exubérante, assez riche de sève et de vie pour pouvoir, sans s'appauvrir, raviver à ses sources des forces languissantes, Marianna devait lui apparaître comme une fille du ciel, descendue tout exprès pour lui rendre les trésors qu'il avait perdus, ou pour lui conserver ceux qu'il allait perdre. C'était à coup sûr une magnifique occasion d'aimer, de ressaisir l'enthousiasme et la foi, les transports brûlans et les saints extases, et tout le divin cortége de la trop heureuse jeunesse. Bussy en convenait lui-même, et les poétiques aspects sous lesquels se présentait cette liaison nouvelle, les

CHAPITRE VII.

obstacles qui l'entouraient de toutes parts, le caractère sérieux qu'elle avait revêtu d'abord, la douleur de Marianna, sa fierté, ses remords, ses larmes, son désespoir, tous ces aiguillons l'irritaient, le poussaient dans l'arène, reveillaient en lui de juvéniles ardeurs, et l'excitaient à poursuivre les chances d'une passion qui lui promettait le retour des émotions dont il pleurait la perte. Aussi, la révolte de madame de Belnave après sa chute, sa résolution de ne plus retourner à Blanfort, ses projets de rupture avec le monde, ne l'avaient-ils d'abord que médiocrement alarmé. Las d'isolement et de solitude, fatigué surtout des faciles tendresses à travers lesquelles il promenait depuis plusieurs années son oisive indifférence, il s'était dit qu'il était temps d'en finir avec son long veuvage, que l'heure était enfin venue de quitter le deuil d'un premier amour, et libre de tous soins, indépendant de fortune et de caractère, peu soucieux de ménager le monde, il s'était abandonné d'abord avec une secrète joie aux mouvemens passionnés de son cœur.

Mais bientôt la réflexion avait passé sur ces velléités de jeunesse, comme les premières gelées de novembre sur les bourgeons éclos aux derniers soleils de l'automne. Bientôt le doute railleur, le scepticisme amer, la raison inexorable, tristes enfans de l'expérience, étaient venus l'assaillir et le ramener à des idées plus saines. Son ivresse s'était dissipée; avec elle s'étaient évanouis les gracieux horizons, et sortant tout armés des vapeurs poétiques qui les avaient un instant dérobés, les embarras de sa position lui étaient apparus sous leur jour véritable et l'avaient frappé d'épouvante. La position était rude en effet : car George n'était pas encore arrivé à ce point de philosophie transcendante où tout sentiment d'honneur et de délicatesse, appliqué à l'amour, est impitoyablement traité de folie ou d'enfantillage; et quoique la destinée de Marianna fût, en cette occurence, la moindre de ses préoccupations, toutefois il ne pouvait s'empêcher de reconnaître qu'il ne s'appartenait plus à lui-même et qu'il était trop tard pour se retirer, conscience nette, du jeu fatal où il s'était engagé. Un dernier espoir lui restait encore, c'est que, passée la première heure de trouble et de tourmente, Marianna, cédant d'elle-même à des impulsions moins rebelles, saurait concilier ses devoirs d'amante et d'épouse. Mais, après deux jours de retraite et de solitude employés à méditer la règle de conduite qu'elle aurait désormais à suivre, madame de Belnave écrivit à Bussy que sa résolution était inébranlable, et que l'aveu de ses fautes venait de mettre entre elle et Blanfort une insurmontable barrière. Cette fois, ce n'était plus l'emportement d'une douleur irréfléchie : madame de Belnave avait tout prévu, tout pesé, tout calculé, et le ton de ferme dignité qui régnait dans sa lettre disait assez que la passion n'en avait pas été l'unique conseiller.

George reçut cette lettre le matin même du jour où Noëmi était allée trouver sa sœur. Il la lut et demeura foudroyé sur la place. Si Marianna n'y faisait point appel à la protection de Bussy, c'est qu'elle était ou trop fière pour la solliciter, ou trop candide pour imaginer qu'elle dût être sollicitée : tout ce qui restait en lui de loyal et d'honnête ne l'en proclamait pas moins le soutien obligé, le naturel appui de l'existence qu'il avait brisée. Que résoudre et que faire? Décliner la responsabilité de ses actes révoltait tous ses instincts de pudeur et de probité ; l'accepter faisait crier toutes les fibres de son égoïsme.

Il se disait bien qu'abandonner Marianna dans la voie où il l'avait entraînée serait d'un félon et d'un lâche; mais il se disait aussi qu'entraver son avenir, à lui, compromettre son repos, aliéner sa liberté, serait d'un enfant et d'un fou. Il avait assez expérimenté les bas-fonds de la vie pour savoir tout ce qu'il y a de misères attachées à ces liaisons qui heurtent de front le monde, et pour ne pas s'arrêter avec terreur devant les maux qu'il ne prévoyait, hélas! que lorsqu'il n'était plus temps de les prévenir. Encore une fois, que résoudre? George en perdait la tête. Il se jeta sur un divan, et, après avoir relu la lettre de Marianna, il la froissa avec colère, se demandant qu'elle rage poussait les hommes à jouer contre un éclair de volupté le loisir d'une vie tout entière, quelle rage aussi poussait les femmes à donner tant d'importance à une chose qui par elle-même en méritait si peu. Il était là depuis quelques heures, cherchant vainement à se tirer des difficultés épineuses où il était enchevêtré, lorsque le frôlement d'une robe se fit entendre et la porte de son cabinet s'ouvrit. Encore étendu sur son divan, George achevait de brûler une pincée de maryland roulée dans du papier d'Espagne : car, dans les grandes crises, le cigarre endort les angoisses du cœur, et parfois est fécond en inspirations salutaires. Au bruit que fit la porte en s'ouvrant il se leva et se trouva face à face avec madame Valtone. Le bout de cigarette qui fumait encore à ses doigts tomba sur le parquet, et Bussy recula de deux pas devant cette apparition inattendue. Mais triomphant aussitôt de ce mouvement de surprise, l'orgueil de la vengeance satisfaite éclaira son front, et ses lèvres, relevées par un imperceptible sourire, rendirent à Noëmi le trait qu'elle lui avait décoché, lorsqu'il s'était éloigné de Blanfort. Pour Noëmi, son visage était triste et grave, ses bras croisés sur sa poitrine, et il y avait en elle un sentiment de douloureux mépris qui donnait à ses traits une expression de pitié dédaigneuse.

— Vous ne m'attendiez pas, monsieur? lui dit-elle.

— Il est vrai, madame, répondit George en approchant un siége; et quand même il m'eût été permis de compter sur l'honneur de vous voir en ce jour, je n'aurais pas osé me flatter que cet honneur se serait résigné à venir me chercher lui-même. Je regrette vivement, madame, de n'avoir pas été instruit de votre arrivée; croyez que je me serais empressé de vous prévenir, en portant à vos pieds mes hommages et mes obéissances.

— Monsieur Bussy.... dit madame Valtone sans changer d'attitude et d'un ton qui fit tressaillir George.

Elle n'ajouta rien de plus. Ses yeux, son accent, son maintien avaient assez énergiquement exprimé sa pensée : Bussy l'avait trop bien comprise, et il y eut un instant de silence durant lequel elle le tint écrasé sous le poids de son regard.

— De grâce, madame, veuillez vous asseoir, dit-il enfin avec une politesse embarrassée.

Madame Valtone prit un siége, George en fit autant. Après quelques minutes de recueillement :

— Monsieur, dit Noëmi d'une voix ferme, je suis venue pour m'entendre avec vous sur le mal qu'il vous reste à faire. Quant à celui que vous avez fait, je m'abstiens de toutes récriminations ; Dieu vous jugera.

— Je n'ignore pas, madame, que je suis devant un juge qui a le droit d'être sévère, répondit George qui se souvenait de Blanfort.

Je sais que vous ne participez point de notre infirme nature. Habitante des célestes régions, vous n'avez des filles de la terre que la grâce et la beauté. Étrangère à nos faiblesses, vous ne pouvez les comprendre : mais, sœur des anges, ne sauriez-vous les couvrir du manteau de votre indulgence? Dieu, que vous invoquez, madame, pardonnera à ceux qui auront beaucoup aimé.

— Combien de ceux-là, croyant avoir aimé, dit madame Valtone en secouant tristement la tête, se présenteront à la grâce divine, et, s'en voyant exclus, comprendront qu'ils s'étaient abusés! et qu'aimer est rare et difficile! Mais peut-être, monsieur, serait-il convenable de nous effacer l'un et l'autre en cette circonstance, et d'oublier d'un commun accord les sentimens de répulsion que nous avons pu jusqu'ici nous inspirer mutuellement. De trop grandes douleurs crient autour de nous, nous avons à fermer de trop graves blessures pour que nous puissions dignement nous occuper des piqûres de notre amour-propre. De plus nobles soins nous réclament. Abjurons les instincts qui nous divisent, rallions-nous pour la première fois à une seule et même pensée. Dans cette trève que je vous propose, dans cette abnégation réciproque de nos ressentimens, je ne pense pas que la part de vos sacrifices doive l'emporter sur la mienne : toutefois, si vous en jugiez autrement, votre générosité, je n'en doute pas, suppléerait à votre justice.

George, qui ne voyait pas bien où Noëmi voulait en venir, ne répondit que par une respectueuse inclination de tête en signe d'assentiment.

— Vous êtes jeune, poursuivit madame Valtone; de nobles cordes vibrent encore en vous. Sans doute, ce n'est pas seulement l'oisiveté, le caprice ou l'ennui qui vous a fait jouer impitoyablement avec le repos de ma malheureuse sœur : ce n'est pas de sang-froid que vous avez trahi la confiance d'un homme que vous appeliez votre ami; car il était votre ami, monsieur, vous vous étiez assis à sa table, vous aviez dormi sous son toit, sa main avait pressé la vôtre. Non, vous n'aviez pas médité tant de maux! Un ménage divisé, deux existences flétries, une femme sacrifiée, un époux ruiné dans toutes ses affections, frappé, trompé deux fois, dans son amour et dans son amitié, vous n'aviez rien prévu, rien calculé. Comme Marianna, vous n'avez cédé qu'à l'entraînement de la passion; vous avez succombé comme elle dans une heure de faiblesse et d'oubli, heure fatale! Mais toute faute entraîne des devoirs après elle. C'est ce qui fait qu'au lieu de se décourager après avoir failli, les belles âmes se relèvent et grandissent de leur chute.

George crut comprendre que Noëmi allait lui confier solennellement les soins d'une destinée dont il était désormais responsable; et bien qu'il ne fût pas encore décidé à s'y soustraire ouvertement, il s'en fallait pourtant de beaucoup qu'il fût résolu à s'y soumettre. Aussi, s'empressa-t-il de nier les bons instincts qui luttaient encore en lui, dans la crainte que madame Valtone ne les surprît et n'en abusât.

— Madame, répondit-il un peu sèchement, il me semble que vous passez bien vite d'une extrême sévérité à une excessive indulgence. En vous laissant trop présumer de moi-même, je craindrais de vous préparer de cruels désenchantemens.

— Voudriez-vous m'empêcher de croire à votre honneur, à votre probité, à votre délicatesse ? demanda madame Valtone avec assurance.

— Vous en avez assez long-temps douté,

madame, pour qu'il me soit permis de m'étonner que vous veniez les invoquer aujourd'hui, répliqua Bussy qui se tenait sur ses gardes.

— Aussi, monsieur, répliqua Noëmi qu'avaient aigrie ces paroles amères, craindrais-je peut-être de faire un vain appel à tous ces sentimens, si cet appel ne devait s'adresser en même temps à votre égoïsme qui se trouve en tout ceci plus compromis que vous ne l'imaginez peut-être.

Ici George comprit qu'il s'était trompé sur le but de la visite de madame Valtone, et, préoccupé qu'il était de sauver en cette affaire son honneur et son intérêt, il crut que Noëmi avait un moyen de tout concilier, et il se prit à l'écouter avec une attention sérieuse.

— Oui, monsieur, poursuivit-t-elle, il serait de votre gloire de vous unir à moi pour ramener ma sœur dans la voie d'où vous l'avez détournée; d'employer, pour la rendre à ses devoirs, toute l'influence que vous avez mise en œuvre pour l'en détacher, de la sauver enfin après l'avoir perdue. Ah! certes, il serait beau de vous relever de la sorte, de restituer à madame de Belnave tous les trésors de la femme que vous lui avez ravis, de l'arracher d'un bras courageux à l'abîme où vous l'avez plongée! En agissant ainsi, vous m'obligeriez à vouer quelque estime à votre souvenir, vous rachèteriez vos fautes, et, s'il est vrai que vous ne soyez point touché des soins de votre propre gloire, ce qui n'est pas ; s'il est vrai que l'amour du bien n'habite plus en vous, ce qui ne saurait être; eh bien! monsieur, vous vous épargneriez à vous-même les charges d'une responsabilité trop lourde, songez-y, pour que vous puissiez l'accepter sans succomber bientôt à la peine. C'est sur ce dernier point que je veux insister.

Bussy n'aurait pas mieux demandé, à coup sûr, que d'interpréter en ce sens les exigences de sa gloire; et la veille encore il se serait estimé bien heureux de pouvoir mettre à la disposition de Noëmi son honneur et sa délicatesse. Mais il n'était plus temps, il le pensait du moins ; il croyait que les aveux de Marianna volaient vers Blanfort, emportés par la malle-poste, et ce qui, la veille, aurait pu passer pour un acte de probité et de désintéressement, ne lui semblait plus désormais praticable que par le fait grossier d'un lâche et perfide abandon.

— Soyez sûre, madame, répondit-il avec un profond découragement, qu'il cacha toutefois sous un air de parfaite indifférence; soyez sûre que si je suivais la règle de conduite que vous m'indiquez, ce serait dans une intention plus louable et moins intéressée que vous ne le supposeriez peut-être. Mais il n'y faut pas songer,

il est trop tard. Madame de Belnave s'est fermé
à jamais toutes les portes de Blanfort, et l'appel que vous feriez à tous mes sentimens honnêtes ne suffirait qu'à les révolter, ajouta-t-il
intrépidement, car il venait d'entrevoir que
Noëmi raisonnait dans le sens du monde, et il
espérait qu'elle pourrait le débarrasser des
bons instincts qui le gênaient, et lui trouver
quelque accommodement avec sa conscience

— Je ne vous comprends pas, monsieur,
dit madame Valtone d'un air étonné.

— C'est que, madame, vous ignorez sans
doute que demain, dans deux jours au plus
tard, M. de Belnave aura tout appris. Dans
l'ivresse de son désespoir, votre sœur a tout
écrit, tout avoué. Je n'y puis rien ; la malle-
poste vole, et Dieu m'a refusé des ailes.

Un rayon d'espérance traversa le triste cœur
de madame Valtone.

— Et s'il était temps encore ? s'écria-t-elle

… vivement. Si madame de Belnave avait retardé l'aveu de son déshonneur? Si Dieu avait permis que j'arrivasse assez tôt pour prévenir un si grand désastre? Si tout pouvait se réparer? Si cette lettre, qui vous semble la seule difficulté que vous ne puissiez aplanir, la seule barrière qui doive vous arrêter, si cette lettre, qui pourrait être en effet un invincible obstacle....

— Eh bien! madame, eh bien!... demanda George éperdu.

— Si cette lettre n'était pas partie, dit Noëmi en portant les doigts à sa ceinture, que feriez-vous alors?

— Oh! alors, madame!... s'écria George en se levant avec transport.

Il s'interrompit brusquement; mais il n'était plus temps. L'éclair de joie qui avait sillonné son visage avait projeté dans l'esprit de Noëmi une vive et soudaine lumière. En moins d'un instant, tout cet homme lui fut révélé. Venue pour sauver Marianna de Bussy, elle comprit que c'était Bussy qu'elle allait sauver de Marianna. Elle comprit tout et n'abusa de rien. Dans ce monstrueux égoïsme, elle n'entrevit que le salut de sa sœur, et ne songea pas à en tirer d'autre avantage. De suppliante qu'elle était, elle aurait pu changer de rôle, et amener George, humble et suppliant, à ses genoux ; elle se contenta de lui lancer un superbe regard, où la joie, autant que le mépris, lui fit entendre qu'il était deviné. Il l'avait bien senti lui-même ; il savait bien qu'il s'était trahi, livré, comme un enfant de deux jours. Il craignit d'abord de s'être laissé prendre dans un piége tendu à sa crédulité; mais en voyant les doigts de madame Valtone glisser entre sa robe et sa ceinture, et en dégager lentement une lettre sur laquelle il reconnut l'écriture de Marianna, il se rassura ; ses traits reprirent leur impassible gravité, et l'œil le plus perçant n'aurait pu pénétrer ce qui s'agita dans son âme.

— Eh bien! monsieur? demanda Noëmi avec une douce sécurité.

— Eh bien! madame, je regretterais alors de ne plus avoir un prétexte qui pût à vos yeux excuser mes refus, répondit froidement Bussy.

Madame Valtone demeura atterée sous le coup de ces paroles. George se pencha négligemment sur sa chaise; il avait passé le pouce de sa main gauche dans la poche de son gilet, et sa main droite jouait nonchalamment avec la chaînette de sa montre.

La pauvre Noëmi était trop simple et trop honnête pour apercevoir le piége grossier qui lui était tendu : elle y donna tête baissée. Elle crut naïvement qu'elle s'était méprise, qu'elle avait caressé un faux espoir, et que tout lui restait à faire. Mais elle ne perdit point courage, et George, qui l'observait, la vit, avec une perfide joie, préparer dans les formes le siége d'une place démantelée, et pointer vaillamment contre des portes ouvertes toute l'artillerie de son éloquence. Cette tactique de Bussy, commune aux femmes, qui, pour concilier leur conscience avec leur plaisir, ne se donnent pas, mais se laissent prendre, ne manquait pas, comme on va le voir, d'une certaine habileté.

Noëmi commença par développer le point qu'elle avait effleuré déjà dans ses précédens discours. Elle déroula devant Bussy toutes les charges attachées à l'effrayante responsabilité qu'il allait assumer. Elle chercha à l'intéresser moins à Marianna qu'à lui-même. Repos, indépendance, ambitions, liberté de l'avenir, sécurité du présent, elle mit tout en jeu pour l'émouvoir. Mais, quoi qu'elle pût dire, elle ne fut qu'un écho bien affaibli des propres pensées de cet homme. Après l'avoir écoutée patiemment :

— Permettez, madame, que je vous remercie d'abord de la tendre sollicitude que vous voulez bien me témoigner en cette circonstance. Vous avez plaidé mes intérêts avec une chaleur digne peut-être d'une meilleure cause. Au lieu de demander un sacrifice à mon amour, vous avez pensé qu'il était plus sûr d'offrir un triomphe à mon égoïsme. Vous m'avez jugé moins susceptible d'abnégation que de lâcheté. Croyez que des intentions si généreuses ne m'ont point échappé, et que mon cœur en tiendra compte.

— Monsieur, s'écria Noëmi, vous ne m'avez pas comprise.

— Parfaitement, madame. Mais je vous avais prévenue, et vous n'avez fait que répéter ce que je m'étais déjà dit à moi-même. Je ne suis pas un enfant qu'aveugle la passion ;

j'ai tout prévu. Avant d'accepter les devoirs que m'impose la rupture de madame de Belnave avec le monde, je les ai long-temps pesés, et mon cœur ne les a pas trouvés au-dessus de ses forces. Ces devoirs, je les accepte avec joie, sans m'en dissimuler l'énorme gravité. Repos, avenir, liberté, je sacrifierai tout avec bonheur à celle qui m'a tout sacrifié : où l'égoïsme s'effraie, l'amour s'applaudit.

— Ah! monsieur, s'il est vrai que vous aimez ma sœur, s'écria Noëmi, qui regrettait d'avoir calomnié les sentimens de Bussy, s'il est vrai que tant d'amour....

— Si je l'aime! madame, répondit George en s'échauffant ; et qui donc l'aimerait, si je ne l'aimais pas! Écoutez, poursuivit-il avec un touchant abandon: j'étais seul ici-bas; il ne me restait rien, ni parens, ni amis. Je n'ai jamais connu ma mère. Il n'était pas en ce monde une âme qui s'intéressât à moi, pas une pensée fraternelle où pût se réfugier la mienne, pas un être qui, me voyant triste, me serrât la main en me disant : Qu'as-tu? Le passé ne m'avait laissé que des souvenirs désolés. Je portais en moi un deuil qui s'étendait sur toutes choses. Mon présent était désert, mon avenir désenchanté. Votre sœur m'apparut, et ma vie fut changée. Votre sœur peupla ma solitude; elle me rendit la jeunesse, l'espérance et la foi. Je dépouillai le vieil homme, et je me sentis renaître. Je me croyais maudit, elle me fit croire à la bénédiction divine. A la plante flétrie elle donna la rosée du ciel. Digne autrefois de la pitié de tous, digne à cette heure de l'envie des élus, voilà ce que j'étais, voilà ce que je suis. Eh bien ! si je ne devais conserver tant de félicités qu'au prix de celle de mon sauveur, si je ne pouvais m'abreuver à tant de joies sans en altérer la source, si je croyais enfin qu'il y eût quelque égoïsme à river à ma destinée une destinée si chère, j'en atteste ce que les hommes ont de plus sacré, je repousserais le dévoûment qui m'est offert, mon amour s'immolerait plutôt que d'accepter un si grand sacrifice, il se déshériterait lui-même, il serait lui-même l'ange au glaive de feu qui me fermerait la porte de l'Éden. Dût mon cœur se briser, je reprendrais volontairement la route de l'exil. Mon cœur se briserait! mais du moins je serais seul attelé au fardeau de mon existence; mais j'aurais assuré à votre sœur un avenir paisible et fortuné; je ne l'aurais point exposée aux vents qui flétrissent, aux orages qui tuent, et la pensée de son bonheur, qui me suivrait partout, me ferait la vie moins amère.

Il est si aisé de deviner la conduite et le mouvement de cette scène, qu'il serait superflu d'en raconter tous les détails. Après s'être placé sur un terrain où chaque concession devait tourner à son honneur, George le disputa pied à pied avec une singulière adresse, ne cédant qu'à regret, âpre à la résistance, reprenant parfois l'avantage qu'il avait perdu, puis frayant tout-à-coup à son adversaire des voies de facile conquête; dévissant lui-même les pièces de son armure, pour ménager à Noëmi la gloire de le désarmer : n'attaquant que pour se découvrir, ne portant un coup que pour s'offrir à la riposte, et ne rompant qu'avec désespoir devant madame Valtone, qui le pressait avec une intrépide bonne foi. Si vous avez jamais joué avec quelque bel enfant, qui prétendait lutter avec vous de vigueur, d'adresse et de force; s'il vous souvient des coquetteries charmantes dont vous avez entouré le triomphe de sa faiblesse; si vous n'avez point oublié les gracieux efforts qui vous ont aidé à couvrir la flatterie de votre défaite, vous aurez une idée assez exacte de l'art que déploya Bussy en cette circonstance. Seulement, entre George et Noëmi, le jeu était plus sérieux, et faisait moins d'honneur au cœur qu'à l'esprit du principal acteur. Ce fut une scène où l'égoïsme doubla l'abnégation avec tant de chaleur et d'entraînement, qu'un témoin plus exercé que Noëmi aurait pu s'y méprendre aisément. Après s'être laissé émouvoir par le tableau que lui traça madame Valtone des maux réservés à la femme qui cherche le bonheur hors des institutions établies, il se demanda avec terreur si sa tendresse ne serait pas en effet plus funeste que bienfaisante à la destinée de madame de Belnave. Il s'attendrit, il pleura sur cette tête adorée. Puis, près de céder sa proie aux instances de Noëmi, il recula épouvanté devant un si grand sacrifice, et ne se sentit plus le courage de s'immoler dans son amour. Alors il s'apitoya sur lui-même. Il peignit de nouveau, avec de sombres couleurs, la solitude où le plongerait la perte de Marianna. Il revint sur les tristesses de sa vie, il fit défiler encore une fois le cortége de ses douleurs, espèces de mannequins, habillés de noir, qu'il faisait manœuvrer aux jours de grandes solennités. Il contraignit madame Valtone à prendre au sérieux et à traiter avec respect ces malheurs qu'elle avait si impitoyablement raillés à Blanfort. Pour nous servir de l'expression d'Hamlet, il joua d'elle comme d'une flûte : il en tira tous les sons qu'il lui plut de lui faire rendre. Noëmi qui aurait pu, en le menaçant de jeter à la poste la lettre qu'elle tenait entre sa robe et sa ceinture, l'amener impérieusement à demander grâce et merci, Noëmi redoubla de prières : elle lui prit les mains, elle les mouilla de ses pleurs ; elle l'adjura par tout ce qu'il y a de plus saint dans ce monde et dans l'autre. George se débattit long-temps encore et succomba.

— Que Dieu répande sur vous tous les trésors de son indulgence! s'écria la pauvre Noëmi, qui s'était laissée prendre à cet emphatique langage, et toucher jusqu'aux larmes par un si beau dévoûment. Que l'encens de votre sacrifice monte jusqu'à ses pieds et retombe sur vous en célestes bienfaits! Pour moi, la plus humble de ses créatures, je le prierai d'ouvrir à vos pas fatigués des routes fraîches et embaumées.

Elle se retira pleine de foi dans l'héroïsme de George, persuadée qu'il venait de conquérir des droits incontestables à la couronne du martyre, et s'accusant tout bas de l'avoir jugé trop sévèrement. Ce qu'il y eut de plus étrange, c'est qu'après l'avoir vue s'éloigner, Bussy prit une attitude triste et pensive, et s'abîma dans une sombre rêverie. Était-ce un reste d'amour et de jeunesse qui murmurait en lui, ou bien, après avoir commencé par tromper Noëmi, avait-il fini par se duper lui-même?

Le lendemain les réunit tous deux auprès de madame de Belnave. George se présenta le premier; mais Marianna repoussa avec un intraitable orgueil tout ce qu'il put dire pour la ramener à des intentions plus prudentes. Il y eut de déplorables scènes de reproches, de sanglots, de prières et de larmes. Madame de Belnave s'y montra noble et passionnée. Le cœur de Bussy n'était pas complétement éteint, et lorsque de fortes secousses en agitaient violemment les cendres, il en jaillissait encore de vives étincelles. Peut-être aussi la vanité, qui donne du courage aux poltrons, suppléait-elle en lui au véritable amour? Je ne sais : mais toujours est-il qu'exalté par tant d'émotions, il était bien près d'oublier son rôle et de se soumettre à la volonté qu'il était venu combattre, lorsque madame Valtone entra fort heureusement pour l'encourager et le soutenir.

— Vous le voyez, madame, dit-il en se tournant vers elle, je n'ai point failli à mes promesses. Ce n'est pas moi qui aurai manqué au sacrifice : je me suis offert, je puis le dire, en victime plus que résignée.

Noëmi se jeta aux genoux de sa sœur, elle les embrassa; elle conjura Bussy de se remettre à l'œuvre, de reprendre vertu et courage, de ne point faiblir dans la voie généreuse où il s'était engagé. Elle supplia d'une voix si déchirante; agenouillée aux pieds de Marianna, le visage baigné de pleurs, ses longs cheveux déroulés et flottant en désordre sur son col et sur ses épaules, elle était si belle, si noble et si touchante, que madame de Belnave se sentit remuée jusque dans le fond de l'âme.

— Ce n'est pas là ta place, c'est la mienne! s'écria-t-elle avec désespoir en s'efforçant de la relever.

Ranimé par madame Valtone, Bussy revint à la charge. Il y avait dans toutes ses paroles un sentiment d'abnégation si douloureux et si réel ; il semblait si bien, et peut-être alors le croyait-il lui-même, s'immoler dans ce qu'il avait de plus cher, que madame de Belnave ne put s'irriter de tant d'insistance, et qu'elle commença à fléchir. Noëmi était toujours à ses genoux, toujours éplorée et suppliante.

— Vous cherchez le bonheur : êtes-vous sûre de le trouver en moi? disait George avec tristesse. N'allez-vous pas abjurer plus de félicités que je ne saurais vous en rendre? A Dieu ne plaise qu'après vous avoir égarée, je veuille vous prêcher vos devoirs au nom d'une morale hypocrite! Mais si votre sœur avait raison, pourtant! Si hors de ces devoirs vous ne pouviez rencontrer le bonheur! Si j'avais brisé votre existence sans pouvoir la relever jamais! Si l'avenir ne nous réservait que des jours tourmentés! Ah! le ciel m'en est témoin, ce n'est pas pour moi que je tremble! Tant que je pourrais vous envelopper de ma tendresse et vous préserver des atteintes du sort, tant qu'il y aurait sur notre route une goutte d'eau vive pour vos lèvres altérées, un coin de gazon pour vos pieds fatigués, un pan d'ombrage pour votre tête brûlante, mes lèvres n'auraient pas soif, mes pieds ne saigneraient pas, mon front ne sentirait pas les feux du ciel, et je m'avancerais sans faiblir en bénissant ma destinée. Mais qui nous dit, hélas! que vous ne vous retournerez pas un jour avec désespoir vers le toit de Blanfort, et que, vous sentant exilée sans retour, vous n'éclaterez pas en reproches amers, en regrets désormais inutiles? Songez-y, Marianna ; car vos regrets me rongeraient le cœur et vos reproches me tueraient.

— Au nom de notre sainte aïeule, qui nous

a bénies en mourant et qui m'a laissé le soin de veiller sur ta tête chérie, viens, ne me résiste pas! disait Noëmi; au nom de ton époux qui a mis en toi toutes ses joies et qui n'a pas mérité tant d'outrages, viens! Viens, au nom de cet homme qui t'a perdue et qui veut te sauver! N'attache pas à sa vie un remords éternel; ménage-lui la gloire de te relever après t'avoir entraînée dans sa chute. Cruelle, je ne parle pas de moi qui t'implore! Mais pourtant, s'il est vrai que j'aie veillé sur ton enfance avec la tendresse d'une mère, s'il est vrai que je t'aie bien aimée et que tu sois encore aujourd'hui ce que j'ai de plus cher au monde, viens, ma sœur, ne me résiste pas!

— Vous me rendrez folle! vous me rendrez folle! s'écria Marianna en se frappant le front.

— Mais tu ne prévois donc rien! Mais tu ne comprends donc rien! ajouta Noëmi, qui venaît d'être saisie d'une inspiration soudaine, ou qui avait gardé tout exprès son meilleur argument pour le dernier; mais, pauvre enfant, tu n'entrevois donc pas les suites funestes de ton obstination! tu as donc espéré que ton mari demeurerait spectateur impassible de son déshonneur et du tien! Tu ne sais donc pas que les hommes lavent leurs affronts dans le sang!

Marianna poussa un cri et cacha son visage dans ses mains.

— Madame, dit Bussy en se tournant vers elle, ce n'est pas là ce qui doit vous effrayer. La vie de M. de Belnave me sera toujours sacrée; quant à la mienne....

Un geste de facile résignation exprima le reste de sa pensée.

Il y eut un long silence, durant lequel on n'entendit que les sanglots de Marianna. Accoudée sur une table, son front reposait sur ses mains, et ses larmes, glissant entre ses doigts comme des gouttes de rosée, roulaient en perles humides sur les cheveux de Noëmi, qui pressait contre son sein les genoux de l'infortunée.

— Partons, dit-elle enfin; je suis prête, partons.

Madame Valtone se leva avec transport, et la serra étroitement sur sa poitrine. Pour George, il fut attéré. Dégagé du poids de son égoïsme qui désormais n'avait plus rien à redouter, sa passion se réveilla plus vive et plus ardente. Dès qu'il n'eut plus à se méfier de ses bons instincts, il les sentit accourir en foule. Un instant étouffées, toutes les voix de la jeunesse se réveillèrent en lui pour l'accuser et pour se plaindre. Il regarda Marianna : jamais elle ne lui avait paru si belle. Il comprit tout ce qu'il allait perdre, et son cœur se brisa; ses yeux, qui ne pleuraient jamais, s'humectèrent, et son visage, pâle et défait, exprima un sentiment de douleur qui, cette fois, était bien véritable. Par un mouvement de brusque sympathie, madame Vallone lui tendit la main : George la prit et pleura.

———

Le départ des deux sœurs fut fixé au jour suivant. Toutes deux devaient aller ensemble jusqu'à Vierzon, où elles avaient une commune amie d'enfance. Là, madame Vallone se séparerait de Marianna et se rendrait la première à Blanfort. Retenue dans sa chambre par de vieilles douleurs, madame Salsedo n'avait pas été instruite de l'arrivée de Noëmi, que, d'ailleurs, elle ne connaissait pas. Mariette, la femme de chambre, était une discrète et dévouée créature, sur le silence de laquelle on pouvait compter hardiment. Le voyage de Noëmi à Paris resterait donc pour

M. de Belnave un impénétrable mystère.
Après deux jours passés à Vierzon, Marianna
reviendrait à Blanfort, où il serait facile de
motiver son prompt retour. De son côté,
George devait partir pour un long voyage qui
l'éloignerait de la France. C'était une séparation éternelle.

Le jour fatal arriva. Tous trois étaient réu-
nis dans la chambre de madame de Belnave.
Madame Valtone, pâle et silencieuse, se tenait discrètement dans l'embrasure d'une fenêtre. Au milieu des objets en désordre, dans
cette chambre d'où la vie allait se retirer,
George et Marianna échangeaient leur muet
désespoir. A un signal de Noëmi, tous deux
se levèrent : l'heure était venue, l'heure des
derniers adieux ! Ils se jetèrent dans les bras
l'un de l'autre. Noëmi s'approcha : George
lui prit la main et la baisa à plusieurs reprises.
La porte du salon était ouverte et ils allaient

en franchir le seuil, lorsqu'un violent coup de sonnette retentit dans l'anti-chambre : le parquet résonna sous un pas sec et précipité, et tous trois reculèrent devant l'apparition d'un personnage qu'ils n'attendaient pas. Son visage était pâle, ses vêtemens couverts de poussière. Il entra comme la statue du Commandeur au festin de Don Juan. Marianna, en l'apercevant, s'était laissé tomber sur un siége. Triste sans humeur, sévère sans courroux, il s'avança lentement vers elle, et demeura quelques instans à la contempler en silence. Noëmi s'était approchée de sa sœur, comme pour la protéger. George se tenait debout et immobile.

VIII.

On l'a dit, la manie d'écrire a perdu tous les amans : c'est par là qu'ils périssent tous. De tous les confidens, le papier est le plus dangereux, le plus indiscret, le plus perfide. Les amans le croient leur ami, il n'est jamais que leur délateur. C'est toujours lui qui les dé-

nonce et les livre à leurs ennemis naturels.
C'est vainement qu'on le couvre de caresses et
de baisers, vainement qu'on l'enveloppe d'ombre et de mystère : il finit toujours par se laisser prendre. Le lendemain du départ de Noëmi,
qu'il croyait partie pour Vieilleville, M. de
Belnave entra dans la chambre de Marianna,
décidé à bouleverser les mille inutilités qui composent la fortune mobilière d'une femme élégante. Bien qu'il pût être doux à notre plume
d'assaisonner cette bourgeoise nature d'un sentiment de jalouse curiosité et d'injecter dans
ces veines pacifiques quelques gouttes du sang
d'Othello, nous sommes obligé de confesser
que M. de Belnave n'était pas même un mari
jaloux, et qu'il se préparait à ce petit acte d'autorité conjugale dans un motif assez vulgaire
d'ordre et d'économie domestique. Il s'agissait
tout bonnement d'une facture acquittée dont
on lui réclamait une seconde fois le montant.

Après l'avoir inutilement cherchée dans ses cartons, il crut se rappeler qu'il l'avait remise à Marianna—c'était un mémoire de colifichets —et, dans une intention fort honnête, sinon très poétique, il entreprit d'inventorier le sanctuaire de sa femme.

Véritable sanctuaire, en effet, où tout respirait la présence de la divinité absente! L'ameublement en était d'une gracieuse simplicité. Le lit se cachait avec pudeur sous des flots de blanche mousseline. L'unique fenêtre, encadrée à l'extérieur dans des festons de pampre et de chèvrefeuille, laissait glisser, par les volets entr'ouverts, un demi-jour frais et voluptueux, et, à voir le tapis à fond de feuillage et à semis de fleurs qui s'épanouissait sur le parquet, on eût dit les dépouilles des champs, épandues là par quelque brise bienveillante. La tenture de damas gris, à bordure bleue, était relevée jusqu'au plafond par quatre torsades de soie azurée qui l'y rattachaient en forme de tente. Au centre pendait, en manière de cul-de-lampe, un milan, ailes déployées et serrant de son bec une branche de bruyère : double souvenir de ce doux pays de la Creuse! Des rayons mobiles étaient chargés de plantes desséchées, de cristaux et de minéraux rapportés des Pyrénées. Sur une causeuse dormaient pêle-mêle des livres, des cahiers de musique, des palettes de porcelaine ; des album étaient jetés négligemment sur une table de marqueterie, entre des boîtes de laque et de palissandre. La décoration de la cheminée consistait en quelques objets d'art. Le contre-cœur de l'âtre était voilé par un massif de géranium et de camélia : le printemps installé dans le temple de l'hiver. Des rideaux, des meubles, des tentures, s'échappaient je ne sais quelles émanations plus embaumées, plus enivrantes que la myrrhe : parfums sans noms, mysté-

CHAPITRE VIII. 219

rieuses senteurs que la femme attache aux lieux qu'elle habite.

Une fois entré dans cet asile, M. de Belnave oublia bientôt le mince intérêt qui l'y avait conduit. Il ouvrit une boîte de palissandre et souleva machinalement les mouchoirs de linon qu'elle renfermait. Il s'en exhala une fine odeur de patchouly qui réveilla en lui de vagues sensations de bonheur et de volupté. En se retournant, il aperçut sur le marbre de la cheminée une cravache à manche d'or ciselé, incrusté de turquoises, près d'un gant déchiré et d'un bouquet d'hépatiques. Un chapeau d'amazone, oublié sur le tapis, n'avait point été relevé, négligence que répara M. de Belnave en homme rangé qu'il était. Il y a dans l'aspect d'un chapeau toute la physionomie de la personne qui le porte habituellement. Le chapeau, c'est l'homme. En relevant celui de sa femme, M. de Bel-

nave, par une intuition rapide, entrevit, sous
la forme du feutre aux bords légèrement
cambrés, des flots de cheveux, ruisselant
dans leur liberté autour d'un front de déesse,
des yeux noirs aux chastes flammes, un nez
aquilin et fier, et toute cette noble tête qui
semblait attendre un diadème. Il ne put s'empêcher de convenir que sa femme était fort
belle. Il prit le gant qu'elle avait déposé sur
le marbre de la cheminée, le tourna entre
ses doigts, l'examina avec complaisance, et
finit par se dire que sa femme avait une adorable petite main. Il approcha de ses lèvres
le bouquet d'hépatiques, et, sans y songer,
il en baisa les pétales flétries. Au risque de
friper les livres et de briser les palettes, il
s'étendit dans la causeuse, et son regard s'arrêta sur le lit blanc de Marianna. C'était
l'heure de midi : l'air était tiède, le feuillage
immobile, les oiseaux sans voix ; les fleurs

fermaient leurs corolles brûlantes; les insectes dormaient sous l'herbe qui crépitait aux feux du soleil. M. de Belnave se leva brusquement, fit deux tours de chambre, et revint s'asseoir. Il avait pris un des album qui couvraient la table de marqueterie. Il l'ouvrit au hasard, et tomba sur une vue de la Creuse : c'était le castel de Vieilleville, avec son toit de tuiles moussues, ses tourelles habillées de lierre, sa terrasse ombragée de vieux chênes et ses jardins étagés le long de la colline. Au pied, coulait la rivière, écumante d'abord et se brisant contre les pierres de son lit, puis s'endormant claire et limpide sur un sable fin et doré. La bergeronnette, amie des belles eaux, courait sur les cailloux de la grève; les canards montraient à travers les joncs leur plumage lustré; le moulin faisait mine de babiller, à demi tapi sous les saules. L'aspect de l'autre rive était plus sauvage : de maigres génisses pendaient aux flancs de la montagne; des rochers arides levaient leurs têtes chauves au-dessus des vertes fougères; çà et là de longues tiges de digitale dressaient, à travers les genêts, leurs clochettes de pourpre violacée. Ce petit paysage respirait toute la mélancolie de l'automne; les teintes en étaient tristes : on sentait vaguement que le pinceau avait dû s'arrêter rêveur sur la pente de ces coteaux; l'âme de l'artiste se révélait confusément sous ce ciel gris et nuancé comme l'aile d'une palombe. M. de Belnave demeura long-temps en contemplation devant l'image de ces lieux qu'il connaissait si bien. C'est là qu'il avait vu pour la première fois Marianna, alors qu'elle échappait à peine aux joies de l'enfance; là qu'il l'avait surprise un jour, baignant ses pieds d'albâtre dans l'onde de la Creuse ; c'est par ce sentier sinueux qu'elle s'était enfuie, gazelle effarouchée, laissant sur

CHAPITRE VIII.

le sable de la rive deux pantoufles de velours noir, dans lesquelles auraient dansé les petits pieds de Cendrillon. Son cœur s'émut à ces souvenirs.

Les maris en général aiment leurs femmes comme la santé : c'est par la privation qu'ils arrivent à les apprécier. M. de Belnave s'étonna d'avoir pu se résoudre à se séparer de la sienne. Les mille grâces de Marianna, trop long-temps négligées, lui revinrent en mémoire. Il fit un retour sur le passé, et s'accusa de n'avoir point exploité dignement les trésors que lui avait départis le ciel. Il se rappela avec délices les joies qui avaient présidé aux premiers jours de son mariage, et reconnut avec douleur qu'il n'en avait point entretenu la source. Il se demanda avec inquiétude, peut-être avec remords, si la vie qu'il avait faite à Marianna était bien en rapport avec ses goûts et répondait aux exigences de sa jeunesse; si son affection pour elle n'avait pas été souvent bien aride et bien indigente; s'il n'avait pas imprudemment sacrifié les soins de son amour aux préoccupations de sa fortune. Il se souvint des tristesses de Marianna, et crut en pénétrer les motifs. Il revint sur cette soirée où il l'avait trouvée, dans cette même chambre, arrosant son lit de ses pleurs, dont il entrevoyait la cause avec effroi. Il se sentit coupable, et regretta tant de jours perdus pour le vrai bonheur. Puis il se dit qu'il était temps encore, et il promit à l'avenir la réparation du passé. Il prit avec lui-même l'engagement solennel de vaincre par de constans efforts ce que son organisation avait de trop grave et de trop rigide, et d'obliger son affection à s'épancher en eaux moins tièdes et plus abondantes. Puis il chercha des distractions à l'ennui de sa femme; il résolut de varier l'uniformité de son

CHAPITRE VIII. 225

existence, de l'arracher à la solitude où se consumaient ses belles années. Pour la première fois peut-être, son esprit, s'épanouissant en poétiques rêveries, s'aventura, sur les ailes de l'imagination, à la poursuite des chimères.

Des heures avaient passé, et il était encore à la même place, la tête renversée sur l'appui de la causeuse, la jambe droite se balançant sur la gauche, l'album sur le genou, une main sur l'album, la pensée abîmée dans une méditation voluptueuse Comme le mouvement qu'il avait imprimé à sa jambe droite suivait le cours de ses idées, parfois doux et et nonchalant, parfois aussi vif et rapide, il arriva que l'album, glissant peu à peu sous les doigts qui le retenaient à peine, finit par tomber sur le tapis. Plusieurs papiers s'en détachèrent, et le vent qui glissait entre les volets les dispersa dans la chambre avec un bruit de feuilles sèches.

Ce bruit tira M. de Belnave de sa rêverie. Il se leva, et, voyant les feuillets épars qui voltigeaient autour lui, il se baissa pour les recueillir. Il les releva lentement, un à un, avec la nonchalance de l'écolier qui taille sa plume avant de se mettre à l'œuvre. C'étaient pour la plupart des croquis, des lavis, des pastels, souvenirs peints ou crayonnés au vol, impressions fugitives, fixées sur le vélin, en traversant les vallées du Bigorre. Secrètement flatté du talent de sa femme, M. de Belnave examinait tout avec un intérêt d'enfant. Parmi les nombreux chiffons qui glissaient sous ses yeux, l'esquisse d'un portrait, négligemment jetée sur un coin de carton satiné, fixa tout-à-coup son attention, et fit passer un frisson douloureux dans son âme, avant même que sa pensée eût mis un nom sur ce visage. C'était un portrait d'homme, au front large, au regard fier, aux lèvres minces, ap-

puyé, dans une attitude pensive, sur une main
fine et délicate. Après quelques instans d'une
hésitation inquiète, M. de Belnave reconnut
George Bussy. Un nuage voila son front et ses
sourcils se contractèrent. Pourquoi? Lui-
même n'aurait su le dire. La défiance et la
jalousie n'avaient jamais atteint ce noble cœur,
et il souffrit, non seulement sans chercher à
se rendre compte de son mal, mais peut-être
même sans en avoir conscience. Après l'avoir
contemplé quelques instans avec une indici-
ble expression de malaise, il déposa le coin
de Bristol dans l'album, et acheva de réunir
ce qui restait encore de papiers dispersés.
Dans le nombre, se trouvaient plusieurs lettres qu'il rendit discrètement à leur asile. Il
n'ignorait pas que Marianna entretînt une
correspondance assez active, et n'avait jamais
songé à la contrarier dans ses habitudes épis-
tolaires, non plus qu'à les soumettre à la

moindre inquisition. Une dernière lettre gisait sur le tapis, et le bras de M. de Belnave s'allongeait pour la saisir, quand l'haleine du vent, glissant entre les feuillets, les entr'ouvrit perfidement et les poussa, avec un frôlement sec, loin de la main qui s'en approchait. Sans chercher à le voir, M. de Belnave en entrevit le caractère : il crut le reconnaître, et, par un mouvement irréfléchi, il poursuivit de son regard les lignes que semblait lutiner le souffle mutin de la brise. Ses yeux ne l'avaient point abusé, c'était bien l'écriture de Bussy. Il pâlit et son cœur se serra. Pourquoi? Le savait-il lui-même? Plus d'une fois Bussy avait écrit ostensiblement à Marianna : pourquoi donc M. de Belnave se sentait-il troublé devant cette lettre que sa femme lui avait peut-être donnée à lire? Il la prit et la froissa machinalement entre ses doigts. Il entendait battre son cœur et son sang lui mar-

CHAPITRE VIII.

teler les tempes. Pourquoi? Pourquoi, aux approches de l'orage, alors même que le ciel rit encore à la terre, les animaux sont-ils pris de tristesse? Pourquoi les plantes se crispent-elles? Pourquoi les fleurs s'affaissent-elles sur leurs tiges endolories? Par pudeur, par délicatesse, peut-être aussi par ce sentiment de crainte et de lâcheté qui nous pousse presque toujours à éluder notre destinée, il reploya lentement la lettre de George, et il ne restait plus entre lui et le bonheur que l'épaisseur d'un feuillet à fermer, lorsque soudain un mot, un seul mot, se détachant du papier en caractères de flamme, lui sauta au visage, et pénétra, comme un trait de feu, dans son sein. Une sueur glacée coula sur ses membres. Il ouvrit la lettre fatale : il la lut avec calme, et l'ayant achevée, un instant il se tint immobile, puis il tomba sans vie sur le parquet.

Par quel étrange oubli, par quelle funeste négligence cette lettre avait-elle séjourné entre les feuillets d'un album que ne protégeait aucun mystère, à la portée de toutes les indiscrétions, à la merci de toutes les curiosités ? Imprudences de l'amour, qui n'a point aimé ne saurait vous comprendre! Au reste, tout en ne laissant point de doutes sur les relations de George avec Marianna, cette lettre n'en autorisait aucun sur la pureté de madame de Belnave. C'était une de ces épîtres, moins passionnées que spirituelles, qui, introduites comme récitatifs dans les correspondances amoureuses, y rompent parfois avec bonheur la monotonie du chant. George y revenait avec complaisance sur l'histoire de leur liaison, cette éternelle histoire dont les premières pages sont toujours si pleines d'harmonie et de fraîcheur, qui commence comme une églogue, la tête couronnée de fleurs, pour finir en sombre élégie, les cheveux épars, les yeux trempés de larmes. En descendant le cours de ses souvenirs, il arrivait bientôt de Bagnères à Blanfort, et là, avec un rare désintéressement il rappelait, d'une façon plaisante, le singulier rôle qu'il avait joué, sous les auspices de Noëmi et de ses hôtes. Puis, après s'être raillé lui-même, non sans quelque grâce, il s'attaquait avec les mêmes armes à ces hôtes de terrible mémoire et leur rendait en larges estafilades les légères blessures qu'il s'était faites de sa propre main : tactique assez habile, qui consiste à s'égratigner le visage pour avoir ensuite le droit d'écorcher tout vif son voisin! Par un sentiment de convenances qu'il est bien aisé de comprendre, les coups ne portaient point sur M. de Belnave, à peine sur Noëmi, et si légers alors, qu'elle aurait pu les parer avec la nacre de son éventail. C'était sur le digne M. Valtone qu'ils tombaient, pressés et rapides comme en été la grêle sur nos toits; c'était lui qui payait pour tous : railleries innocentes d'ailleurs, et qui, en toute autre circonstance, auraient fait sourire M. de Belnave et M. Valtone lui-même. Cette petite guerre terminée, suivaient de chaleureuses protestations de dévoûment, de tendres regrets, des aspirations voilées vers un bonheur qui n'osait se nommer; enfin tout un abrégé du vocabulaire de la passion, lorsqu'elle n'a point encore atteint au but suprême de tous les amours.

Telle était à peu près la substance de cette lettre : mais qu'importait à M. de Belnave? Il n'avait vu, il n'avait compris qu'une chose. Ce n'étaient pas les fibres de l'orgueil et de la vanité qui souffraient en lui, ni les voix du préjugé qui criaient, ni l'égoïsme des sens qui se révoltait. Non; ce qui souffrait en lui, ce qui pleurait et saignait, c'était l'amour, car il aimait, le malheureux! il aimait d'une affection profonde, il aimait de cet amour qui pénètre l'existence en tout sens, en inonde tous les replis, en baigne tous les ressorts, pense, agit, marche avec elle, et finit par ne plus avoir de révélations distinctes de la vie elle-même, parce qu'il est la vie tout entière. Amour silencieux, invisible! Mais qu'un choc imprévu l'éveille et le dégage, pareil au fluide qui réchauffe le monde, il jaillit en flamme soudaine et dévore le sein où il dormait caché. Et, ce qui se plaignait surtout dans cette immense douleur, c'était la confiance trahie, cette aveugle confiance dont se raille le monde, mais qui est de noble origine. Il avait entouré Marianna d'un culte si pieux et si crédule! Il l'avait placée si haut dans son estime et dans son orgueil! Il l'avait toujours enveloppée d'une pensée si pure et si sereine! Il aimait, il croyait enfin : l'amour et la foi habitaient sous cette froide écorce, semblable au flot mystérieux qui coule sans bruit et sans nom sous la mousse. Il croyait, il aimait! Et rien ne l'avait préparé au coup fatal! Avant de s'éteindre, l'étoile n'avait point pâli! Avant de s'abîmer, le dieu n'avait point chancelé! C'était dans le vif de sa foi et de sa tendresse que le double tranchant venait de s'enfoncer! Ah! pleure, infortuné, car ta blessure est mortelle! Pleure, car après avoir élevé dans notre âme un autel à quelque image révérée, après avoir concentré sur elle toutes nos facultés, si tout-à-coup, illuminés par une sinistre clarté, nous reconnaissons, hélas! que nous avons sacrifié aux faux dieux, ah! tout nous manque alors, et la terre et le ciel : l'idole, en tombant si brusquement et de si haut, écrase le croyant dans sa chute!

Le soleil s'était caché derrière les coteaux; la nuit avait envahi la vallée. M. de Belnave était encore à la même place, dans la même attitude, terrassé, immobile, écoutant d'un air distrait les bruits confus du soir, et comme absorbé dans la contemplation des étoiles qui pointaient au ciel — quand soudain il se leva d'un bond. Un rayon d'espoir venait de traverser sa douleur ! Une voile avait blanchi à l'horizon ! Tout n'était pas perdu peut-être ; peut-être était-il temps encore de reconquérir le bonheur ! Il se précipita sur la porte, il l'ouvrit, et d'une voix tonnante : — Des chevaux ! des chevaux ! cria-t-il.

Comme il s'élançait de la chambre de Marianna, il se trouva face à face avec M. Valtone, et s'arrêta brusquement devant lui. Il tenait encore d'une main la lettre de Bussy ; ses traits étaient livides, ses yeux hagards, et tout son corps agité par un mouvement fébrile.

— Qu'est-ce donc ? demanda M. Valtone, qui, à la lueur des flambeaux, l'examinait avec inquiétude.

— Une lettre qui m'oblige à partir, et je pars,

répondit d'une voix altérée M. de Belnavé, en voulant s'échapper.

M. Valtone le retint. — Une lettre à cette heure! Ami, tu me trompes. Qu'as-tu? dit-il en lui prenant la main.

M. de Belnave hésita. Après avoir essayé de nouveau, mais en vain, d'échapper à M. Valtone, il finit par s'abandonner aux bras qui l'attiraient, et là, sur le sein fraternel, sa poitrine se gonfla, et toute son âme éclatant dans un cri de désespoir : — Mon frère, s'écria-t-il, je suis bien malheureux!

M. Valtone le pressa silencieusement sur sa poitrine. Il savait tout, il avait tout compris. Il s'abstint de vaines paroles, et s'occupa sur-le-champ des préparatifs du voyage. Au bout d'une heure, les chevaux étaient à la chaise, le postillon en selle, et M. de Belnave, avant de donner le signal du départ, n'attendait plus que M. Valtone, qu'il cherchait du regard pour lui dire le dernier adieu, lorsque celui-ci parut, enveloppé de son manteau, et s'avançant d'un pas rapide. Il s'approcha de la voiture, en ouvrit gravement le coffre, y déposa discrètement une boîte de pistolets et deux lames de fine trempe; puis, s'élançant dans la chaise, il ferma la portière, et, sans laisser à l'étonnement de son ami le temps de s'exprimer :

— Route de Paris! cria-t-il.

IX.

Debout devant Marianna, M. de Belnave la contemplait en silence, triste et grave, mais sans colère.

— Est-ce à vous, demanda-t-il enfin d'une voix lente, est-ce bien à vous que fut adressée cette lettre?

Marianna garda ses yeux baissés et ne répondit pas.

— Monsieur, dit Bussy, qui ne savait à quelle contenance se vouer, et qui songeait moins cependant à éluder l'embarras de sa position qu'à détourner sur lui-même l'orage qu'il croyait près d'éclater sur la tête de Marianna; monsieur, si ma présence n'est point nécessaire ici, elle y est pour le moins indiscrète; je n'attends qu'un mot de vous pour rester ou pour me retirer.

— Dans un instant, monsieur, dans un instant, répondit M. de Belnave, en lui jetant un regard glacé. — Puis ramenant ses yeux sur sa femme : — Est-ce à vous, demanda-t-il encore une fois, est-ce bien à vous que fut adressée cette lettre?

Marianna demeura immobile et ne répondit pas.

Alors M. de Belnave fit deux pas vers Bussy, et, lui montrant la lettre fatale : — Monsieur, lui dit-il, est-ce vous qui l'avez écrite?

— C'est moi, répliqua George avec fermeté. Ma vie vous appartient : en tout lieu, à toute heure, je la tiens désormais à votre disposition.

— Vous êtes libre de vous retirer, répondit froidement M. de Belnave.

George fit une légère inclination de tête et sortit.

M. de Belnave se rapprocha de sa femme; et, s'étant assis auprès d'elle, il lui prit une main dans les siennes, et d'un ton de douloureux reproche : — Marianna, dit-il, vous m'avez trompé!

— Il est donc vrai, poursuivit-il tristement, vous m'avez trompé! J'avais mis en vous tant d'aveugle confiance, qu'en cet instant même, si vous protestiez de votre innocence, je douterais de mon malheur. J'avais pour vous tant de vénération, vous étiez si bien le Dieu visible de ma destinée, qu'à cette heure encore, il m'est moins facile de croire en moi qu'en vous-même, et, m'interrogeant avec anxiété, je me demande si, par quelque faute que j'ignore, je n'ai pas mérité de voir votre amour se retirer de moi et chercher une autre tendresse. Dites? sans le vouloir, me serais-je montré l'ennemi de votre bonheur? Parlez; à mon insu, aurais-je été pour vous un maître jaloux et sévère? J'ai peut-être opprimé votre jeunesse; peut-être ai-je été dur, égoïste et méchant? Je ne sais; mais accusez-moi, car je voudrais me trouver coupable, afin de pouvoir vous absoudre; je ne sais, mais il faut bien que je sois coupable en effet, puisque, hélas! vous m'avez trompé!

Marianna avait compté sur de violentes récriminations; son orgueil s'était raidi d'avance pour résister à la tempête. Elle n'eût point fléchi sous le courroux du maître ; elle se trouva sans force devant la douleur de son époux. C'était de ces âmes à la fois superbes et tendres qu'aucune rigueur ne saurait dompter, mais qu'amollit aisément une larme : de cire pour fondre et d'acier pour ployer.

— Tuez-moi, monsieur, tuez-moi ! s'écria-t-elle en se frappant la poitrine.

— Et je vous aimais bien, pourtant ! continua M. de Belnave. Il me semble que je vous aimais bien ! Orgueil de ma vie, joie de ma maison, votre présence égayait mes ennuis ; votre sourire me délassait de mes travaux. Le jour qui vous vit entrer sous mon toit restait un jour béni entre tous. Épouse de mon cœur, vous m'étiez aussi une fille chérie, une sœur adorée. Tout me plaisait en vous ; je subissais en toutes choses l'influence de votre grâce, et je me disais que c'était entre nous une affection sérieuse et profonde, et que nous vivrions ainsi, et que nous vieillirions de la sorte : vous, le charme de mes jours, moi l'appui de votre faiblesse. J'étais si fier de vous protéger! si fier de vous penser heureuse! Je vous remerciais de mon bonheur, mais je vous bénissais du vôtre. A vous aussi, Marianna, ne semble-t-il pas que je vous aimais bien? Dites-moi donc, comment j'ai mérité le coup dont je saigne à cette heure; car il faut bien que je sois coupable, puisqu'enfin vous m'avez trompé.

Marianna s'était laissé tomber aux pieds de M. de Belnave; et, la tête cachée entre les genoux de son époux, elle versait d'abondantes larmes.

— Tuez-moi! tuez-moi! répétait-elle d'une voix déchirante; tuez-moi avant que je meure de honte à vos pieds!

M. de Belnave la regardait en silence, et n'osait plus interroger tant de remords et de désespoir.

— Marianna! dit-il enfin après une longue hésitation — et les tortures de son cœur se peignirent sur son visage — Marianna, tout est-il fini entre nous? tout est-il perdu sans retour? si nous nous sommes fait du mal l'un à l'autre, ce mal est-il irréparable? ne reste-t-il plus de place au pardon?

L'infortunée ne répondit que par des sanglots. Alors, inspirée de Dieu, madame Valtone se leva :

— O mon frère! ô ma sœur! dit-elle en les enlaçant de ses bras, en les réunissant tous deux dans une même étreinte; non, tout n'est pas perdu, tout peut se réparer. Vois, ma sœur, vois comme il t'aimait! Vois que de biens tu as méconnus! Ces biens, dont tu n'as pas su jouir, l'avenir te les réserve encore : n'est-il pas vrai mon frère? Car, voyez : nous partions, nous retournions à vous; déjà nous étions plus loin de nos erreurs que nous ne l'avions jamais été de nos devoirs. Nous partions pour aller retrouver près de vous l'estime de nous-mêmes et la sérénité de notre âme. Nous renoncions pour jamais à nos égaremens : quand vous avez paru, c'était entre eux et nous une rupture éternelle. Nous vous rapportions un cœur épuré par le sacrifice ; nous vous revenions éprouvées et meilleures. Non, tout n'est pas perdu : notre repentir a dépassé nos fautes ; nos remords vous ont assez vengé, et vous pouvez pardonner, mon frère

Et en parlant ainsi, elle s'agenouilla près de sa sœur, et lui passant son bras autour du col, elle sembla s'offrir avec elle en pardon. M. de Belnave pressa de ses mains ces deux têtes charmantes, et un pâle rayon de joie éclaira son triste visage.

— Nous sommes à vos genoux, poursuivit Noëmi, mais dignes encore de reposer sur votre cœur. Ah ! si vous saviez par combien de larmes nous avons racheté nos erreurs, vous penseriez vous-même que nos yeux ont assez pleuré. Si vous pouviez savoir que de regrets mêlés d'amour nous vous rapportions à Blanfort, vous-même jugeriez avec quelque indulgence un entraînement passager qui n'a détourné notre tendresse de la vôtre que pour l'y rattacher bientôt par un nœud plus étroit et plus sûr. Maintenant, nous sommes bien à vous, oh! bien à vous, ami! L'orage nous a faites amantes du repos. Averties assez tôt pour pouvoir rentrer au port, nous y rentrons, à jamais guéries des folles ambitions et des folles chimères, ramenées à vous par l'impulsion de notre cœur, plus encore que par le cri de notre conscience; car, vous le savez bien, c'est vous que nous aimons, c'est vous que nous voulons toujours aimer, mon frère.

M. de Belnave serra silencieusement les

doigts de Noëmi, et posant une main sur les cheveux de Marianna :

— Et vous, demanda-t-il, et vous, ne direz-vous rien qui me rassure, rien qui puisse apporter quelque soulagement à cette âme que vous avez si profondément blessée?

— Ah! s'écria-t-elle avec désespoir, je suis une malheureuse, indigne de votre pitié. Que voulez-vous que je vous dise?

— Marianna, reprit-il, je ne demande qu'à vous pardonner; mes bras peuvent s'ouvrir encore avec joie pour vous recevoir. Dites, ah! dites-moi que le sentiment de vos devoirs n'était pas le seul qui vous ramenât à Blanfort, dites que toute tendresse pour moi n'est pas éteinte en vous et que vous reveniez moins vers un maître redouté que vers l'époux de votre cœur. Dites, Marianna, et quand j'aurai pardonné, ce sera votre tour peut-être.

— Jamais, monsieur, jamais! s'écria-t-elle;

il n'est pas un jour de notre union qui ne crie contre moi, pas un seul qui se lève pour vous accuser et pour m'absoudre. Moi, vous pardonner! Je suis à vos pieds, que j'embrasse.

— La souffrance est féconde en enseignemens, poursuivit M. de Belnave en secouant tristement la tête; on apprend vite et beaucoup à l'école de la douleur. Vous m'avez fait bien du mal, mais j'étais coupable avant vous. Oui, Marianna, oui coupable en effet, et ma place serait à vos genoux, si vous ne vous étiez si cruellement vengée vous-même. J'ai négligé à mon insu le soin de votre bonheur. Mon amour a été sans charmes; je vous ai fait une vie sans plaisirs. Hélas! je vous croyais heureuse! Vous souffriez et je ne voyais rien! Je vous aimais tant que je ne songeais pas à vous exprimer mon amour : j'étais si sûr du vôtre que je n'imaginais pas avoir besoin d'aucun effort pour l'entretenir et le conserver. Insensé que j'étais ! Vous avez bien souffert, n'est-ce pas, pauvre enfant? Vous avez compté bien des heures de tristesse et d'ennui? Vous nous avez caché bien des larmes?

— Oui! murmura-t-elle d'une voix étouffée, oui, oui, répéta-t-elle, — oui, monsieur, bien des larmes! Insensée que j'étais moi-même! Car enfin j'étais bien heureuse.

— Heureuse, non! Il est des malheurs qui, pareils à la foudre, nous frappent et en même temps nous éclairent. Heureuse! Je sais bien à cette heure que vous ne l'étiez pas. J'ai fait sur le passé un retour impitoyable; j'ai médité sérieusement sur notre position; je l'ai envisagée sous toutes ses faces, dans le présent et dans l'avenir. Ne nous le dissimulons pas, cette position est affreuse. Nos blessures ne se fermeront pas en un jour : le pardon est aisé, l'oubli est moins facile. Mais ne pleurez pas ainsi; trop de désespoir vous calomnierait, et d'ailleurs, le remords, l'attendrissement et les larmes ne nous seront d'aucun secours dans l'œuvre que je suis venu vous proposer. Cette œuvre sera rude : vous sentez-vous le courage de l'entreprendre et de l'accomplir ?

— Je ne reculerai devant aucune expiation, répondit humblement Marianna qui, pour la première fois peut-être, se sentit dominée par la parole de son mari.

Au reste, M. de Belnave était beau en parlant de la sorte; il eût été difficile de n'être point frappé de la noble tristesse de son maintien et de la dignité de son langage. Sa voix était lente et grave, et sur ses traits resplendissait je ne sais quel caractère de grandeur, auréole que la douleur fait rayonner au front de ses élus. Il n'est point rare de rencontrer de pareilles natures, qui, assez vulgaires dans le commerce habituel de la vie, se transforment par la souffrance, et déploient dans les crises imprévues des qualités qu'on était loin de leur supposer et dont elles n'avaient peut-être pas conscience elles-mêmes.

— Je vous l'ai dit, continua M. de Belnave, ce sera une rude tâche. C'est une vie nouvelle à édifier sur les ruines d'un passé douloureux. C'est un nouvel essai de bonheur à tenter avec l'expérience d'un premier bonheur évanoui. Long-temps la foi trahie se plaindra dans mon cœur : des années s'écouleront peut-être avant que la paix soit rentrée dans votre âme. Nous aurons bien des jours mêlés de doute et de contrainte. Nous aurons à souffrir, vous dans votre orgueil, moi dans ma confiance. J'aurai beau pardonner, vous douterez souvent de la sincérité de mon pardon; vous aurez beau revenir à m'aimer, souvent je douterai du retour de votre tendresse. Vous vous effraierez de mes souvenirs;

moi, je m'alarmerai des vôtres. Encore une fois, vous sentez-vous le courage de subir ces dures épreuves pour tendre avec moi, d'un commun effort, vers le but de notre destinée?

— Je suis prête à tout, répondit Marianna; j'irai où vous voudrez me conduire.

— Nous irons ensemble et nous aidant l'un l'autre, répondit M. de Belnave.

— Et vous arriverez au bonheur, ajouta Noëmi; et ce bonheur vous sera d'autant plus cher que vous l'aurez acheté par plus d'efforts et de sacrifices. Ah! croyez-moi, la destinée vous garde encore de beaux jours. Mon frère, Marianna, ayez foi dans l'avenir, nous serons heureux encore! Eprouvée par la douleur, votre union aura quelque chose de plus saint et de plus auguste. Votre tâche est pénible, sans doute, mais en prévoir les difficultés et ne point reculer devant elles, c'est déjà l'avoir accomplie. Vous l'accomplirez, c'est mon cœur qui me le dit. Quelque dures que soient les épreuves qui vous sont réservées, vous en triompherez, ayez bonne espérance. Vous arriverez à l'espoir, à la confiance et à la joie, par l'échange de vos découragemens, de vos doutes et de vos tristesses. Vous, mon frère, vous porterez le fardeau de Marianna; toi, ma sœur, celui de ton époux. Et moi, je serai près de vous pour vous encourager, au besoin pour vous soutenir.

— C'est ainsi que j'entends mes devoirs, dit M. de Belnave; vous, Marianna, comprenez-vous ainsi les vôtres?

— Je comprends vos devoirs comme des dévoûmens sublimes, les miens comme de trop justes expiations : j'accepte les uns et les autres, répondit-elle avec dignité.

— Relevez-vous donc, dit M. de Belnave en lui tendant la main; tant qu'une autre image que la mienne pourra se placer entre

CHAPITRE IX.

vous et moi, je n'oserai pas vous appeler sur mon cœur.

— Monsieur, dit Marianna, sans se relever et en baissant la tête, il ne m'appartient pas de vous imposer des conditions; oserai-je cependant implorer de vous une dernière grâce, sans laquelle toutes les autres ne seraient rien?

— Je vous écoute, répondit-il; j'ai tant de foi en votre honneur, que je ne sais rien, même à cette heure, que je puisse vous refuser.

Elle rougit, hésita long-temps, puis, faisant un pénible effort sur elle-même :

— Monsieur, promettez-moi, dit-elle, de ne jamais vous rencontrer avec le complice de mon égarement. Promettez-moi, comme je vous le promets, de ne jamais le chercher. S'il vous tuait, je me tuerais; si vous le tuiez, je ne vous verrais de ma vie.

La figure de M. de Belnave s'assombrit et il demeura long-temps silencieux.

— Vous n'avez pas à vous venger, mon frère, dit Noëmi d'une voix timide et suppliante.

— Je vous le promets, dit-il enfin, je vous le jure. Et maintenant relevez-vous, car dès à présent notre tâche commence et votre place n'est plus à mes genoux.

Il lui tendit de nouveau la main. Elle la prit, la baisa, et, comme elle restait dans la même attitude, M. de Belnave la souleva, et, sans le vouloir, en se relevant, Marianna se trouva entre les bras de son époux. S'en arrachant aussitôt avec honte, elle y poussa doucement Noëmi.

Ainsi se passa cette scène : grave, sérieuse, sans vaines récriminations, sans attendrissement puéril. Madame Valtone couvrit Marianna du voile de son innocence. Elle étouffa le cri d'une conscience noble mais imprudente; elle prévint les aveux de sa sœur; elle trompa M. de Belnave pour les sauver tous deux. Marianna fut touchée sans doute de la conduite de son mari, et son orgueil dut s'humilier devant une vertu si grande. Sans doute, en voyant quelle âme elle avait outragée, elle comprit l'énormité de ses fautes; en cédant à la voix de son époux, elle obéit aux mouvemens de son cœur. Mais, sans doute, ce cœur superbe aurait rejeté avec indignation le mensonge de Noëmi, et, renonçant à tout espoir de pardon, se serait accusé impitoyablement, s'il n'eût tremblé pour la vie de M. de Belnave, et pour une autre vie non moins chère.

M. Valtone, qui par discrétion s'était abstenu de paraître à la première entrevue, arriva quelques heures après. Durant la route, les deux amis s'étaient tout confié l'un à l'autre. M. Valtone avait pris connaissance de la lettre de George Bussy; M. de Belnave, en arrivant à Paris, savait que Noëmi l'y avait devancé. Tous deux étaient venus avec des idées de vengeance : seulement M. de Belnave avait considéré la vengeance comme un espoir éloigné, comme le dernier parti qui lui resterait à prendre, dans le cas où tout serait perdu pour lui; M. Valtone, au contraire, l'avait envisagée comme le but direct, comme la conséquence obligée de ce voyage, et, à vrai dire, il n'avait suivi M. de Belnave que pour l'assister dans la rencontre qu'il regardait comme inévitable. Il serait difficile de peindre l'étourdissement de cet honnête M. Valtone lorsqu'il apprit que toute cette affaire était terminée à l'amiable, et qu'on s'en retournerait, sans coup férir, à Blanfort. Il crut d'abord que M. de Belnave voulait détourner les soupçons de Noëmi et de Marianna;

il le prit à part et l'entraînant dans l'embrasure d'une fenêtre :

— Tu as raison, lui dit-il, de parler ainsi devant ces femmes ; mais le temps presse, il faut agir. Je vais de ce pas chez notre homme, pour m'entendre avec lui sur l'heure et le lieu du combat. Tu as le choix des armes ; tu te battras à l'épée et tu le tueras ; sinon, je m'en charge, et de toute manière tu seras vengé.

— Merci, mon bon Valtone, merci, répliqua M. de Belnave en lui serrant la main. Mais, je te l'ai dit, nous partons demain, je ne me battrai pas. Viens, ajouta-t-il en le ramenant vers Noëmi, je te raconterai cela plus tard.

M. Valtone pensa que M. de Belnave était fou, car il le savait brave. Sa figure s'allongea singulièrement, et sans doute il n'eût pas épargné ses réflexions à son ami, si Noëmi ne lui eût pris le bras, en le priant de l'accompagner à son hôtel. Les deux ménages se séparèrent, après être convenus de se réunir le lendemain, à l'heure du départ.

La journée était belle. M. Valtone connaissait Paris. Les deux époux revinrent à pied par le boulevard. Ils marchèrent d'abord silencieux. Noëmi était souffrante : tant d'émotions l'avaient épuisée. M. Valtone allait d'un pas boudeur, et de temps en temps son humeur se manifestait par une espèce de grognement sourd, accompagné d'un geste énergique. Il avait l'air d'un ours mécontent.

— Qu'as-tu donc? lui demanda enfin Noëmi.

— Ce que j'ai, répondit-il brusquement ; j'ai qu'il se passe ici d'étranges choses!

— Voyons! que se passe-t-il? demanda-t-elle d'un air résolu.

— Rien de ce qui devrait se passer, répliqua M. Valtone; les femmes perdent la tête et les hommes le cœur. Mort de ma vie! quand je pense que ce blanc-bec de Bussy n'a plus qu'à nous mettre en voiture et à se froter les mains, j'enrage et je rougis pour de Belnave et pour moi-même.

— Nous y voilà! sécria Noëmi, tu trouves qu'il n'y a pas assez de mal comme cela. Pour compléter ta joie, il faudrait que M. de Belnave affichât sa femme et que la mort d'un homme s'en suivît. Marianna déshonorée, M. Bussy tué d'un coup d'épée, ou notre frère frappé d'une balle, tu daignerais être satisfait, rien ne manquerait à ton bonheur. Mort de ma vie! quand j'entends un homme de sens comme M. Valtone raisonner et parler de la sorte, j'enrage et je rougis pour lui et pour moi-même.

— Ma chère amie, il faut bien te mettre dans l'esprit que les femmes n'entendent rien à ces sortes d'affaire. En raison de votre pusillanimité naturelle, vous avez sur les exigences de l'honneur des idées excessivement étroites.

— Dans tout ce qui regarde l'honneur et la délicatesse, répondit Noëmi, nous sommes meilleurs juges que vous. Moi qui te parle, j'aimerais mieux te voir tué sous mes yeux, que d'entendre dire que tu as commis une lâcheté. Pour ce qui est de notre pusillanimité naturelle, il faut bien te mettre dans l'esprit mon cher ami, que nous avons plus de courage dans le petit doigt, qu'aucun de vous dans sa rapière.

— Non, non, mille fois non! Les femmes sont des femmes et les hommes des hommes, que diable! Je souffre autant que toi de la position dans laquelle nos amis se trouvent engagés. Qu'y faire? il faut subir ce qu'on ne saurait empêcher. Je souhaiterais que Marianna n'eût point agi comme une folle; mais ventrebleu! je ne voudrais pas que de Belnave se conduisît comme un enfant. Si j'étais à sa place...

— Tu ferais de belles choses !

— Je me souviens qu'au régiment...

— Je te conseille de t'en souvenir ! tu dois avoir de jolies prouesses à raconter.

— Tu ne sais pas, Noëmi, ce que c'est que le régiment ?

— Ni ne veux le savoir.

— Tu as tort, Noëmi, très-grand tort. C'est là qu'on se forme l'esprit et le cœur, là qu'on apprend à se conduire, là qu'on se fait sur le point d'honneur des idées larges et sévères. Il fallait voir de mon temps comme on tirait l'épée pour peu de chose ! C'était admirable.

— C'était horrible ! s'écria Noëmi : veux-tu bien ne pas parler ainsi !

— C'était beau ! Il ne manque à de Belnave que quelques mois de garnison. Que ne se bat-il pour sa femme ? Je me souviens d'avoir, à Nantes, embroché un lieutenant de dragons, pour une maîtresse qui n'en valait certes pas la peine.

— N'as-tu pas honte de rappeler de semblables exploits? Mon ami, n'est-ce donc rien que d'avoir à se reprocher la mort d'un homme! Sais-tu si tu n'as pas tranché du même coup plus d'une existence? si tu n'as pas plongé dans un éternel désespoir quelque mère qui n'avait qu'un fils? Sais-tu si chaque jour, à toute heure, il ne s'élève pas de quelque âme navrée une voix pour t'accuser et te maudire? Mais je veux croire que tu t'es calomnié en croyant te vanter, car, autrement, il me semblerait toujours sentir quelque chose de froid entre ton cœur et le mien.

— Allons, allons! dit M. Valtone, qu'avaient un peu calmé ces paroles sévères, il ne faut pas ainsi prendre au sérieux des histoires pour rire. Et puis, au bout du compte, chacun entend l'honneur à sa façon. Seulement, je me permets de dire qu'à la place de de Belnave...

— Je me permets de te dire, moi, qu'à la place de M. de Belnave tu n'aurais fait que des sottises. J'ajoute que mon beau-frère s'est conduit en galant homme, en homme d'esprit et de cœur, et qu'il aurait forcé mon estime aujourd'hui, s'il ne l'eût pas depuis long-temps acquise.

— Décidément, voilà qui est bien! le tout est de s'entendre. Qu'il plaise au premier freluquet venu de boire notre vin, de s'asseoir à notre table, de ronfler sous notre toit, et, pour prix de l'hospitalité reçue, de prendre notre femme, nous sommes trop heureux. Ne te semble-t-il pas que de Belnave aurait dû demander pardon à M. Bussy, pour être venu si brusquement l'interrompre dans son bonheur? En vérité, notre beau-frère s'est conduit avec la dernière inconvenance.

— Pauvres maris! dit Noëmi, que vous

méritez bien tout ce qui vous arrive! Votre rôle serait si beau, si vous vouliez une fois le comprendre! Tiens, Valtone, je vais te poser un raisonnement bien simple. Comment s'y est pris M. Bussy pour se faire aimer de Marianna? Par quels maléfices est-il parvenu à surprendre son cœur? Il s'est contenté de se montrer plus tendre, plus passionné et plus aimable que M. de Belnave. C'est ainsi que s'y prennent tous les amans. Eh bien! vous, messieurs nos maris, pourquoi ne disputeriez-vous pas vos femmes avec les mêmes artifices? Pourquoi n'emploieriez-vous pas, pour les conserver, les ruses qu'on met en jeu pour vous les ravir? Vous vous emportez au premier soupçon; quand vous devriez redoubler de soins et de tendresse, vous devenez plus insupportables que jamais. Il semble que vous ayez, en vous mariant, renoncé à plaire et à charmer. Qu'arrive-t-il? L'amant profite de

CHAPITRE IX.

vos maladresses, et vous, pour les couronner, vous sautez sur votre grand sabre et vous voilà partis pour vous venger! Eh! vengez-vous, mais laissez votre sabre dormir dans le fourreau. Le cœur d'une femme se conquiert par d'autres armes, et vous n'entendez rien à l'amour.

Tout en causant de la sorte, les deux époux arrivèrent à l'hôtel de la rue Jean-Jacques Rousseau. Noëmi n'en pouvait plus : cette longue course au soleil du printemps avait achevé d'épuiser ce qui restait en elle de force et d'énergie. Elle se jeta sur son lit et ne tarda pas à s'endormir. Elle dormit d'abord d'un sommeil agité et intermittent; son pouls était vif et rapide; sa respiration brûlante. M. Valtone demeura près d'elle. Au bout de quelques heures, le sommeil était plus calme; les symptômes de fièvre avaient disparu, et Noëmi reposait paisiblement. M. Valtone n'était pas homme à rester les bras croisés dans une chambre, à regarder dormir sa femme. Une fois rassuré, il ouvrit doucement la porte, la referma sans bruit, et après avoir recommandé qu'on respectât le repos de madame Valtone, il mit ses mains dans ses poches et se prit à marcher au hasard.

Il marchait à grands pas, sans direction et sans but. Il n'avait pas osé exprimer toute sa pensée devant Noëmi; mais seul, il lâcha les rênes à son mécontentement. Il allait par les rues, grognant, gesticulant et s'ouvrant, comme un boulet de canon, un passage à travers la foule. Il arriva qu'au lieu de s'apaiser, son humeur s'exalta. Plus vous remuez le vase, plus la lie monte à la surface. Au bout d'une heure, M. Valtone se trouva dans un état véritablement maladif. Toutes ses notions sur l'honneur étaient bouleversées. L'impunité de Bussy l'indignait, la longanimité de M. de

CHAPITRE IX.

Belnave le révoltait. Il avait ressenti vivement l'injure faite à son ami; il souffrait dans son orgueil, il était humilié dans son amitié. Et puis, dans les sentimens qui l'agitaient, il y avait quelque chose de personnel. Il ne pouvait se dissimuler qu'il avait été, lui aussi, le jouet de George Bussy, et il eût donné tout au monde pour un prétexte de vengeance. Ce prétexte, il aurait pu le chercher au besoin dans la lettre qu'avait surprise M. de Belnave; mais où M. de Belnave s'abstenait, pouvait-il, lui, M. Valtone, agir sans mauvaise grâce? Que dirait Noëmi? que dirait M. de Belnave lui-même? Ces réflexions le ramenèrent sur le boulevard. Il pouvait être quatre heures du soir; la journée avait été magnifique, la foule se pressait encore dans les allées. M. Valtone marchait toujours au pas de course. On se rangeait pour le laisser passer : il passait comme une avalanche. Mais, en face de Tortoni, un promeneur, moins complaisant, l'attendit de pied ferme, le reçut sans broncher, et du choc de ces deux astres jaillirent, en manière d'étincelles, deux effroyables juremens. La scène menaçait de devenir tragique, et déjà les flaneurs se groupaient autour des champions, quand soudain, après s'être envisagés un instant, ils tombèrent dans les bras l'un de l'autre, et il y eut de féroces embrassemens et de terribles serremens de main.

— Mort de ma vie! c'est le capitaine Gérard!

— Mille tonnerres! c'est le brave Valtone!

— Embrassons-nous encore et allons dîner, s'écrièrent-ils tous deux avec attendrissement.

Le capitaine Gérard était un grand diable d'homme qui avait une grande redingote bleue croisée sur la poitrine, de grandes moustaches rouges qui menaçaient le ciel, et de grands coquins d'éperons qui montraient les dents aux passans. En garnison à Niort, il

avait profité d'un semestre pour venir étudier
à Paris les arts et la littérature. C'était un de
ces capitaines de la vieille roche, impitoyables sur le point d'honneur, jouant leur vie
pour un mot et faisant intervenir la pointe de
leur épée dans toutes les discussions. M. Valtone et lui se seraient nécessairement allongé
quelques coups de rapière, si la Providence,
avant de permettre qu'ils s'entrechoquassent
sur le trottoir du boulevard Italien, n'eût pris
soin de les unir par le lien sacré de la garnison. Ils avaient servi dans le même régiment
et bivouaqué dans les mêmes villes : une
grande similitude de goûts et de caractère les
avait faits frères d'armes. Je laisse à penser
leur joie de se revoir après longues années de
séparation! Que de questions échangées coup
sur coup! Quel feu roulant de demandes et
de réponse! M. Valtone surtout ne se sentait
pas d'aise. En embrassant le capitaine Gérard,

il avait retrouvé son drapeau. Les jours passés lui revenaient en foule. Il entendait sonner la diane, il voyait les casques reluire au soleil : les moustaches du capitaine avaient produit sur lui l'effet des armes d'Ulysse sur Achille. Il marchait la tête haute, les narines gonflées, faisant résonner sur le pavé des éperons imaginaires, et caressant parfois de la main gauche la garde invisible d'une épée absente. Après avoir brûlé une demi-douzaine de cigarres et s'être abreuvés d'absinthe, nos deux fils de Mars, s'étant acheminés vers le Palais-Royal, s'attablèrent vaillamment dans un cabinet particulier du café de Périgord, et là, entourés de flacons et puisant dans le vin une mémoire nouvelle, ils s'abandonnèrent tous deux aux charmes de leurs souvenirs. Souvenirs charmans, en effet! On but aux vieilles amitiés, aux anciennes amours! au capitaine Flambart! au lieutenant Malytourne!

CHAPITRE IX.

à Rose! à Clarisse! au brave des braves! à la belle des belles! Le vin d'Aï pétillait, les bouchons canonnaient le plafond et bondissaient dans la salle. Puis, on but à la gloire des armées françaises, à l'affranchissement de la Pologne, à l'émancipation du monde. On but aussi à Napoléon. — Puissent les cendres du grand homme reposer un jour sous la colonne! s'écria le capitaine Gérard en noyant une larme dans son verre. — Le bon M. Valtone trépignait d'enthousiasme; il y avait si long-temps qu'il n'avait assisté à pareille fête! Celui qui serait venu lui parler des forges de Blanfort l'aurait surpris d'une façon étrange. Il avait complétement oublié Blanfort et les forges et sa femme. Il n'avait pas oublié Bussy cependant, mais ce n'était plus qu'une pensée confuse qui lui apparaissait dans les vapeurs du vin, comme un réverbère à travers le brouillard. Au dessert, les convives devinrent plus gais et plus expansifs. On servit le café, les liqueurs et les cigarres; nos deux braves s'étendirent sur un divan de forme circulaire, et là, au milieu d'un nuage de fumée, pareils aux héros d'Ossian, ils se mirent à chanter leurs prouesses. Ils passèrent en revue leurs amours et leurs duels, leurs duels surtout; j'aime à croire, pour le repos de leur conscience, que, de tous les gens qu'ils exterminèrent ce soir-là, il en est plus d'un qui se portent bien à cette heure.

Ces mœurs querelleuses, ces habitudes fanfaronnes, qui ne sont plus aujourd'hui celles de l'armée, étaient fort à la mode durant les premières années de la Restauration, époque à laquelle M. Valtone avait abandonné le service. Les officiers, qui avaient traversé l'Empire ou seulement assisté au déclin de cette période militaire, durent s'acclimater difficilement dans le repos. Du tumulte des camps aux loisirs de la paix la transition avait été trop brusque. Pour ces hommes élevés au milieu des chances de la guerre, amoureux des dangers, qui avaient eu long-temps l'Europe entière pour garnison, ce dut être d'abord une horrible existence que celle qui les condamnait à parader sur les places publiques, à fumer dans les estaminets, et à traîner sur le pavé de nos villes leurs sabres désœuvrés. Aussi les vit-on chercher, dans des luttes individuelles, les émotions qu'ils ne trouvaient plus sur les champs de bataille. Ajoutez à cela que ces aimables conquérans avaient rapporté de leurs campagnes certaines façons d'agir, hautaines et dominatrices, qui ne plaisaient pas à tout le monde et qui trouvèrent dans la jeunesse une opposition vigoureuse. Limoges, Poitiers et d'autres cités, gardent encore un douloureux souvenir des rixes fréquentes qui les ensanglantèrent, pendant ces temps de lente fusion entre le civil et le militaire. Aujourd'hui, tout est bien changé, seulement il reste par-ci par-là quelques grognards, comme le capitaine Gérard et M. Valtone, qui regrettent le temps passé.

M. Valtone raconta l'histoire du dragon embroché, cette fameuse histoire que Noëmi avait refusé d'entendre. Il en raconta bien d'autres! De son côté, le capitaine était prompt à la riposte et ne restait pas en arrière. Rien n'était plus touchant que de les voir déterrer leurs morts et s'en faire réciproquement honneur. Comme il arrive nécessairement dans toute conversation de ce genre, nos deux compagnons renchérissaient à l'envi l'un sur l'autre. Toutefois, il arriva un instant où M. Valtone, ayant vidé le sac de sa mémoire, — de son imagination peut-être — force lui fut de brûler silencieusement son cigarre et d'écouter l'ami Gérard qui n'était pas au bout de son rôle. L'ami Gérard, en homme habile, avait gardé ses plus belles histoires pour la fin, si belles en vérité, que l'ami Valtone, en les écoutant, ne put réprimer un sentiment de jalousie, d'autant plus vif, que l'ami Gérard assaisonnait son discours de plaisanteries excessivement spirituelles sur les bourgeois, qu'il appelait des pékins. Car il en était encore là, l'ami Gérard ! Il professait un profond mépris pour tout ce qui n'était pas militaire, et n'imaginait pas que le courage et l'honneur pussent être indépendans de l'uniforme. Ces récits exaltaient l'ardeur de M. Valtone, en même temps qu'ils le piquaient à l'endroit de son amour-propre. Par instans, il était le jouet d'hallucinations étranges. Comme au festin de Balthazar, il croyait voir sur les murs de la salle une main mystérieuse, reproduisant en caractères gigantesques les railleries auxquelles il avait servi de but dans la lettre de George. Il lui semblait entendre Bussy lui-même qui lui ricanait aux oreilles. Le hasard voulut que, parmi les nombreuses épopées du capitaine, il s'en trouvât une si frappante d'analogie avec la position où se trouvait M. Valtone, que celui-ci put la prendre aisément pour un apologue. Voici l'histoire en deux mots. — C'était à Poitiers. Le capitaine Gérard avait pour son colonel une amitié qu'il poussait jusqu'au fanatisme. Ce colonel était vieux et laid, sa femme était jeune et belle. Le prestige de l'uniforme commençait à s'évanouir, et, pour être admis dans le cœur de la beauté, l'épaulette et le shako n'étaient déjà plus de rigueur. La femme du colonel se laissait courtiser par un jeune homme de la ville. Nous en étions à la réaction de la toge contre l'épée. L'époux était sans défiance, mais le diable de capitaine veillait sur l'épouse avec la sollicitude du chien qui garde la porte de son maître. Il ne tarda pas à découvrir la liaison des deux amans.

— Oui, Valtone, oui, mille tonnerres! s'écria-t-il, en jetant avec indignation le bout de son cigarre. Ils s'adoraient, les traîtres! Cette femme aimait un pékin; la femme de mon colonel! Et quel colonel! Tu l'as connu, Valtone : un colonel de la grande armée, une vieille moustache blanche; un homme perclus de rhumatismes, souvenirs glorieux de la Russie! un guerrier criblé de blessures! un pied gelé au passage de la Bérésina! cinq coup de sabre sur le crâne, trois décorations sur la poitrine! un vieux brave, un vieux lapin! Eh bien! sa femme le trahissait! Pour qui? Pour un mirliflor de vingt ans! Pour un beau-fils à la taille de guêpe, au visage rose, aux mains blanches et parfumées!

— Le beau sexe est volage, dit M. Valtone, et plein de contradictions de ce genre.

— C'est possible; tu dois savoir cela mieux que moi, puisque tu es marié. Je doutais encore du malheur de mon colonel, quand le hasard fit tomber entre mes mains une lettre du muscadin à la belle. Avant de l'ouvrir, mon premier mouvement fut de remettre le poulet au mari. Mais le rôle de délateur n'est pas le fait du soldat français. Mon second mouvement fut d'aller trouver l'amant et de lui passer mon sabre au travers du corps. Mais de quel droit et à quel titre?

— Oui, répéta M. Valtone, de quel droit et à quel titre?

— Je ne sais quel démon me poussant, j'ouvris la lettre et je la lus. Quel style! Valtone, quel style! Des niaiseries, des fadaises, comme n'en écrirait pas le trompette du régiment. Je dois convenir pourtant que le gaillard mettait assez bien l'orthographe. Je bâillais à la quatrième ligne et j'allais dormir à la huitième, lorsqu'au milieu des *ange de mes rêves, âme sœur de mon âme, rosée du ciel, soleil de mes jours, étoile de mes nuits*, et autres fariboles, j'aperçus le nom du capitaine Gérard. Tu comprends que j'eus la fantaisie de savoir ce que je faisais en si belle compagnie.

— Oui, sans doute, s'écria M. Valtone, vivement intéressé, que diable faisais-tu là?

— Mon cher, reprit le capitaine après avoir lampé un verre de rhum, j'étais là comme la crème fouettée après le rôti, comme le vin de Champagne au dessert, comme la petite pièce après la grande. On s'amusait à mes dépens; on se raillait de ma vigilance. On avait cru jusqu'alors que Cerbère gardait les enfers et non les Champs-Élysées. Tu comprends, Valtone? Une allégorie : les Champs-Élysées, c'était-elle; Cerbère, c'était ton serviteur. J'étais aussi le dragon qui veillait à la porte du jardin des Hespérides. Quelle bévue! moi qui n'ai jamais servi que dans les hussards!

— Au fait! dit M. Valtone, au fait!

— A quoi bon! Je pouvais venger d'un seul coup l'honneur de mon colonel et le mien. Puisque me voici, le reste se devine.

— Tu t'es battu! s'écria M. Valtone.

— Comment, si je me suis battu! Le grand saint Georges, qui ne détestait ni les coups d'épée ni les calembourgs, a dit : —Ne manquons point ceux qui nous manquent.

— Tu t'es battu! répéta M. Valtone d'un air préoccupé.

— Ah! ça Valtone, qu'est-ce à dire? as-tu laissé la raison au fond de ton verre, ou, depuis que tu fabriques du fer, ne sais-tu plus t'en servir! Si je me suis battu, mille diables! Un blanc-bec qui volait l'épouse de mon ami, et qui, par-dessus le marché, me mettait de planton devant la grille du jardin des Hespérides! Un drôle qui m'appelait Cerbère! Je me suis battu, et l'ai tué comme un chien. Ainsi, justice a deux fois été faite ; et comme j'étais seul dans le secret de cette double vengeance, le monde n'a rien su, l'honneur de mon colonel a été sauvé, et la réputation de sa femme est demeurée intacte. Remarque bien, Valtone, que c'est là le beau de l'affaire ;

— Et la femme est morte de chagrin, dit M. Valtone en secouant la tête.

— En voilà bien d'une autre! s'écria le capitaine. Morte de chagrin! Interroge les archives de la médecine : il est des femmes qui meurent de la poitrine, d'autres du foie, d'autres de l'estomac; il en est qui meurent en couches; il en est d'autres que la fièvre enlève; il en est, hélas! qui meurent de vieillesse ; de chagrin? aucune. Ce n'est pas à un vieux renard comme moi qu'on fait avaler de pareilles couleuvres. Morte de chagrin ! je l'ai vue au dernier bal de la préfecture, blanche comme un lys, mon cher, et fraîche comme une rose!

M. Valtone n'écoutait plus. Après avoir gardé quelques instans un silence rêveur, il se leva et se prit à marcher de long en large dans la chambre. Le capitaine avait allumé son dixième cigarre et s'amusait à suivre d'un regard nonchalant les ondulations de la fumée autour du globe de la lampe. Il allait entamer un nouveau chant du poëme de son existence, lorsqu'il remarqua l'air sombre et pensif de son compagnon.

— Qu'est-ce donc, Valtone? demanda-t-il aussitôt: tu as le vin triste, cher ami? Au régiment tu n'étais pas tel après boire. Aussi, pourquoi nous as-tu quittés? Abandonner la noble profession des armes pour celle de forgeron, c'est fâcheux, Valtone, c'est éternellement regrettable.

M. Valtone ne répondit pas.

— Voyons, parle, qu'as-tu? Es-tu gêné

dans tes affaires? Tu sais que j'ai toujours, près Clisson, mon petit domaine de La Roche. Es-tu blessé dans ton honneur? Voici mon bras. Es-tu malade? Voici du rhum.

— Et tu l'as tué! s'écria M. Valtone en se croisant les bras.

— Qui? Quoi? que veux-tu dire? demanda le capitaine.

— Ami, dit M. Valtone, sans t'en douter, tu as mis le doigt sur mon mal; à ton insu, tu m'as indiqué le remède. Viens, il est temps de le guérir.

— Quel mal? quel remède? ton visage est sombre et ton langage n'est pas clair.

— Viens, te dis-je, il se fait tard; nous n'avons pas un instant à perdre : je t'expliquerai tout en allant.

—Mon pauvre Valtone, dit M. Gérard avec onction, est-ce que ta femme?...

—Tais-toi! interrompit violemment M. Valtone, et viens.

— Où allons nous ?

— Que t'importe !

— Mais encore....

— As-tu peur ?

— Sacré mille carabines ! en avant ! je te suivrai partout, dusses-tu me conduire jusqu'au fond des enfers !

X

A l'heure où M. Valtone et le capitaine Gérard sortaient du café de Périgord, George était dans sa chambre, occupé à écrire. Près de lui, couché sur le divan, un blond et frêle jeune homme le contemplait en silence, d'un air mélancolique et doux. A le voir, à la lueur des bougies, dans une attitude brisée, pâle et le front appuyé sur une main blanche et féminine, un poëte l'eût pris pour un beau lys penché sur sa tige Parfois, George tournait vers lui un regard affectueux qu'il accompagnait d'un triste sourire. Alors le jeune homme souriait plus tristement encore et tous deux échangeaient une muette pression de main. Quand George eut achevé d'écrire, il prit sur son bureau deux lettres sous enveloppe, les scella de son cachet, et les présentant à son jeune ami :

— Henry, lui dit il, l'une de ces lettres renferme mes dernières dispositions, l'autre..

Ici, deux grosses larmes roulèrent dans les yeux de l'enfant, et, tombant des cils abaissés, tracèrent sur les joues deux sillons humides.

— Allons, dit Bussy avec humeur, voilà que tu vas pleurer comme une femme. Tu m'avais promis d'avoir du courage! Voyons, essuie tes yeux et sois homme, sinon tu m'obligerais à invoquer une autre assistance que la tienne. Pourquoi t'effrayer d'avance? il en est des duels comme de la guerre; on en revient. Songe donc que chacun de nous a par jour vingt chances de mort; les jours de duel, il y a une chance de plus, voilà tout. Tu pleures, parce que tu prévois que je me battrai demain ; mais qui te dit que dans une heure le plafond de cette chambre n'aura pas croulé sur nos têtes? D'ailleurs, il n'est pas sûr que je me batte : la journée s'achève, personne encore ne s'est présenté, et quoi qu'il arrive, Henry, à la garde de Dieu et de mon épée. Voyons, essuie tes yeux, répéta-t-il en s'asseyant près de lui. Prends ces deux lettres. L'une renferme les dispositions que j'ai prises relativement à ma fortune. L'autre est adressée à madame de Belnave. Ecoute-moi donc tranquillement! S'il y a lieu, tu remettras cette lettre à madame de Belnave avec les papiers que voici, ajouta-t-il en tirant d'une boîte de cèdre les lettres de Marianna réunies sous une même enveloppe. Ce dépôt que je te confie, tu le remettras toi-même à elle-même. Tu la verras; tu verras qu'elle est belle! aussi noble que belle, Henry! Dis-lui, ah! dis-lui bien que ma dernière pensée a été pour elle, que mes lèvres se sont fermées en murmurant son nom! Dis-lui que je l'ai bien aimée! Dis-lui que je n'ai pas cru trop payer de ma mort le bonheur de ma vie. Que ma mémoire lui soit chère! Que mon souvenir lui soit doux! J'ignore, hélas! quel avenir lui réserve le sort. Si j'ai brisé sa destinée, dis-lui de pardonner! si mon amour a passé comme la foudre sur sa jeunesse, dis-lui de pardonner encore! N'est-ce pas, Henry, tu lui diras tout cela? Qu'elle ne se reproche pas ma mort; que sa conscience n'en soit pas troublée; ajoute que je lui dois de m'être éteint dans la fraîcheur de mes illusions renaissantes, et que mieux valait s'éteindre ainsi que de survivre à une seconde ruine.

— George, s'écria le jeune homme, vous voyez bien que vous allez mourir.

— Et tu la consoleras, Henry; tu auras pour elle des paroles bonnes et tendres. Si elle a besoin d'appui, tu la protégeras; tu seras son frère et son ami. Je te prie pour elle, je l'ai priée pour toi, car vous êtes à vous deux toute ma tendresse et toute ma sollicitude. Bien que vous ne vous connaissiez pas, je vous confie l'un à l'autre, et il m'est doux de penser que vous garderez long-temps l'un pour l'autre un reflet de l'ami qui ne vivra plus qu'en vous.

Et sans laisser à Henry le temps de répliquer, il lui passa son bras autour du col, et le contemplant avec une ineffable expression de tendresse :

— Je t'aime, lui dit-il d'une voix caressante. Il y a autour de toi un charme que je ne saurais exprimer, un parfum du sol natal qui réveille en mon cœur toutes les sensations du jeune âge. Parfois, en t'examinant, il me semble que mon être est double : l'un au matin de la vie, l'autre au déclin de toutes choses, et celui-ci, las et découragé, sourit tristement au premier, rempli d'ardeur et d'espérance. Je me demande souvent si ce n'est pas moi que j'aime en toi : j'ai peur d'être égoïste en t'aimant. Mais comment ne t'aimerais-je pas ? Tu ressembles tant à ta mère! Son regard était doux comme le tien, sa voix douce comme la tienne. Regarde-moi ; l'azur de tes yeux réfléchit les joies de mon passé. Parle-moi ; ta voix est l'écho des mélodies de mon enfance.

CHAPITRE X.

Et il le pressait doucement sur son sein. A les voir tous deux ainsi, l'un dans la fleur de ses grâces natives, adolescent au front virginal, au regard limpide, à la taille mince et flexible, heureux enfant, pour qui l'existence n'avait encore eu que des sourires : l'autre, éprouvé par la douleur, au visage déjà sillonné; on eût dit un jeune bouleau près d'un chêne frappé de la foudre.

On n'a pas oublié, peut-être, que George nourrissait pour Henry une vive affection. Habituellement fraternelle, l'expression de cette amitié était, ce soir-là, passionnée. Ce soir-là, George avait reconquis toute l'énergie de ses facultés. Ce n'était plus l'homme de la veille. Il avait vingt-ans, il aimait; il aimait sans effort, comme on aime à vingt-ans. Il y avait en lui un débordement de tendresse qui l'inondait de toute part. Son âme, long-temps engourdie, frémissait et secouait ses ailes. Il reprenait à la vie par tous les nobles sentimens. Cette vie qu'il avait tant de fois blasphémée, il la bénissait à cette heure. Il surprenait mille secrets de bonheur qu'il avait jusqu'alors ignorés. Il découvrait mille perspectives nouvelles, toutes charmantes, toutes imprévues; des solitudes embaumées, des asiles aimés du ciel, où des voix heureuses remerciaient Dieu d'avoir donné à l'homme la verdure, les fleurs et le soleil. Près de nous échapper, la vie est si riante et si belle! Quand il faut mourir, on a toujours vingt ans, et Georges sentait qu'il allait mourir. N'espérant pas que M. de Belnave s'abusât sur l'étendue de son malheur, ne comptant même pas sur la chance des armes pour tromper la justice du ciel, il était prêt à laver de son sang l'honneur qu'il avait outragé. Il attendait, calme et résigné. Seulement, près de se voiler à jamais, l'existence se parait pour lui de ses plus riches atours;

l'avenir, près de se fermer, lui révélait tous ses trésors; le passé lui reprochait les joies dont il n'avait pas su jouir, et le regret des jours mal employés se mêlait dans son cœur au pressentiment de sa destinée.

Il se leva, ouvrit une fenêtre et se prit à regarder les nuages blancs qui couraient dans le ciel. Henry se leva à son tour, et s'appuya sur l'épaule de George.

— Là-bas, dans notre vallée, sous le coin de ciel qui nous a vus naître, la soirée doit être belle? dit Bussy d'un air préoccupé.

— Oui, répondit le jeune homme. La lune se lève derrière les grands peupliers; le rossignol chante dans nos traînes; la brise s'éveille, le feuillage s'agite; les concerts de la nuit commencent. C'est l'heure où nous allions tous deux, vous déjà grand, moi encore enfant, promener dans les prés fleuris. Quand nous avions perdu de vue la flèche du clocher de la ville, nous nous couchions dans les hautes herbes, et là vous m'entreteniez de vos rêves, de vos espérances et déjà de vos souvenirs. Au tintement de l'*Angelus*, nous revenions par le bord de l'eau. Nous marchions lentement, escortés de nos chiens qui gambadaient autour de nous. D'un côté, la rivière coulait paisiblement sous un tapis de nénuphars; de l'autre, les prairies, baignées d'une blanche vapeur, se déroulaient au loin en nappes argentées. Bientôt, nous apercevions, à travers la chevelure bleuâtre des saules, nos deux toits qui nous attendaient, et nous nous disions le bonheur était là, et que c'était là qu'il nous fallait vivre ensemble et mourir, dans ces lieux où reposait la cendre de nos mères.

— Je me souviens qu'un soir, dit George en souriant, nous rencontrâmes un fol essaim de jeunes filles de la ville. Leurs voix fraîches et joyeuses éclataient en notes perlées dans le silence de la nuit, et nous, blottis derrière une haie d'églantiers, nous écoutions ce que disaient ces voix charmantes. Rappelle-toi leur frayeur de nymphes surprises au bain, quand nous nous dressâmes, comme deux fantômes, au-dessus de la haie ! Les belles effarouchées prirent aussitôt leur volée comme une compagnie de perdreaux, et nous restâmes, tout ébahis, à suivre du regard leurs robes blanches qui fuyaient à travers la feuillée. Dis-moi donc ce que sont devenues ces compagnes de mon jeune âge, toutes ces blondes et brunes têtes qui me faisaient déjà triste et rêveur ?

— Toutes mariées, dit Henry, toutes heureuses. Vous les rencontreriez à cette heure, se promenant sur le bord de l'eau, appuyées sur le bras de leurs époux et tenant par la main des enfans beaux comme elles.

— Oui, dit Bussy avec tristesse, oui, c'est là qu'était le bonheur, là qu'il fallait vivre et mourir. Ah! si le ciel me rendait les jours que j'ai perdus! si je pouvais revenir sur mes pas et me retrouver au matin du départ, avec l'expérience des sentiers parcourus! Je ne vous quitterais pas, domaine où je suis né! Ah! j'ai mal vécu, j'ai mal usé des biens que j'avais reçus en naissant. J'ai vécu dans les coupables amours, dans les vaines agitations. Pourquoi, hélas! pourquoi? Car j'étais fait pour les affections durables, pour les joies de la famille, pour les chastes et paisibles délices du foyer domestique. J'aurais aimé les longues veillées autour de l'âtre, les causeries du soir, les enfans jouant à mes pieds ou suspendus au col de leur mère. En me faisant un cœur pour ces félicités, le ciel les avait semées autour de mon berceau; il les avait placées sous ma main, comme une grappe de fruits mûrs. Quel fatal génie m'a poussé hors de ma voie? Pourquoi, sourd à mes instincts et rebelle à mes goûts, ai-je méconnu le but de ma destinée et follement dissipé les dons du Créateur? Pourquoi, lorsqu'en m'asseyant sur le seuil de ma porte j'aurais pu trouver le bonheur, suis-je allé chercher au loin la satiété, l'ennui et le dégoût ?

Il demeura quelques instans encore à contempler mélancoliquement le ciel ; puis, quittant brusquement le ton de l'élégie, il s'étendit sur les coussins, et attira Henry à son côté

— C'est qu'en vérité, s'écria-t-il gaîment, je n'étais pas né le moins du monde pour être un héros de roman. Les orages du cœur n'étaient pas mon élément, et je ne sais, ma foi! pas ce que je suis allé faire dans cette maudite galère. Quel démon m'a poussé? Je l'ignore. Si j'avais obéi à ma nature, je serais à cette heure bon père et bon époux ; j'aimerais ma femme, je prendrais plaisir à voir grandir mes enfans, je planterais des peupliers, je visiterais mes métairies, et je chasserais le renard. J'étais né pour cette vie-là! Et au bout du compte, Henry, nous sommes jeunes; il est temps encore de réaliser les rêves de notre enfance. Partons, fuyons Paris. Allons revoir les prés fleuris, allons vivre dans notre village. Qu'es-tu venu faire ici, mon pauvre enfant? Tu ne sais pas les désenchantemens qui t'attendent. Partons! J'ai conservé là-bas quelques débris de ma fortune. Viens, nous avons devant nous un long avenir d'heureux jours. Nous nous marierons, Henry : nous aurons de bonnes petites femmes qui égaieront notre ménage, de joyeux petits drôles qui nous grimperont aux jambes. Nous aurons des chevaux, des chiens, des fusils, des cigarres. Nous boirons avec nos métayers, nous danserons avec leurs filles; nous parlerons politique avec le garde champêtre. Je serai maire de la commune, tu seras mon adjoint; et nous ferons des Rosières. Voyons, tout cela ne t'agrée-t-il pas?

Un sourire effleura les lèvres du jeune homme.

— Tu ne sais pas, poursuivit George, ce que Paris te réserve de douloureux et d'amer. Crois-en ma vieille expérience. A l'heure du départ, nous avons tous la prétention d'échapper à la loi commune et de frayer des routes nouvelles; mais, à peine au milieu de la course, nous reconnaissons, hélas! que nous cheminons dans l'ornière. Viens; là-bas, du moins, nous marcherons sur l'herbe de nos prés et sur la mousse de nos bois. Ici, que ferais-tu? Ton droit achevé, iras-tu grossir la tourbe des médiocrités bavardes qui étourdissent la province? Non; tu resteras sur le grand théâtre. Tu voudras tenter l'amour, la fortune et la gloire. Eh bien! tu te perdras, Henry, tu te perdras! Ah! viens, enfant, partons. La gloire est menteuse, la fortune ne rachète pas les illusions; il n'est point d'éternelles amours. Tu verras quelle bonne vie nous mènerons dans notre chère vallée, et comme nos jours couleront dans une paix charmante!

— La gloire me sourit peu, dit le jeune homme, la fortune encore moins, et l'amour est partout. Le voulez-vous? partons.

— Tu consens! s'écria George avec transport. Tu consens; nous partons! ah! je sens que je vais reverdir avec nos bois, au premier souffle du printemps. Je sens germer en moi une seconde jeunesse, toute prête à s'épanouir au soleil qui chauffa mon berceau!

Comme il disait, un coup sec retentit à la porte. Henry pâlit, George se leva. M. Valtone et le capitaine Gérard entrèrent. Il y eut un instant de silence et d'hésitation, durant lequel ces quatre personnages s'examinèrent mutuellement.

— Messieurs, dit enfin Bussy, veuillez vous asseoir. Personne n'est ici de trop, vous pouvez parler sans crainte.

— Monsieur, dit M. Valtone, je serai bref. On m'a communiqué une lettre de vous; dans cette lettre, je me trouve insulté. Vous êtes trop galant homme pour ne pas me faire raison. Nous nous battrons demain matin, à cinq heures, au bois de Vincennes; je vous laisse le choix des armes.

— Monsieur, répondit Bussy, vous seul êtes juge de votre propre honneur. D'ailleurs il n'est pas dans mes habitudes de refuser réparation à l'homme de cœur qui me la demande. Permettez, toutefois, que j'ajourne notre rencontre. Une personne que vous connaissez a sur vous droit de priorité; cette personne satisfaite, croyez, monsieur, que je serai tout à votre disposition.

— Mille tonnerres! voilà qui est parler! s'écria le capitaine Gérard. Si vous aviez ici des cigarres et du rhum, nous pourrions achever agréablement la soirée.

George offrit au capitaine un porte-cigarre d'une rare élégance; celui-ci l'ouvrit et en tira une cigarette mince et fluette comme un brin de chaume. Après l'avoir examinée avec un air de mépris mêlé de curiosité, il la fit dédaigneusement rentrer dans son étui de paille de Manille.

— Monsieur, répliqua M. Valtone, tout ajournement est inutile. La personne que nous connaissons ne se battra pas; je vous en donne ma parole.

— Vous m'assurez, dit Bussy, que je puis jouer ma vie, sans risquer de frustrer une vengeance inscrite avant la vôtre?

— Très bien! s'écria le capitaine Gérard, d'un ton d'approbation paternelle.

— Je vous le jure, répondit M. Valtone.

— Songez, monsieur, que s'il en était autrement, nous disposerions l'un et l'autre d'un bien qui ne nous appartiendrait pas.

— Bravo! s'écria le capitaine.

— Monsieur, je vous ai donné ma parole, dit froidement M. Valtone en appuyant sur chaque mot.

— Demain donc, monsieur, à cinq heures du matin, au bois de Vincennes. Il sera fait ainsi que vous le désirez.

— Vos armes?

— Seront les vôtres.

— L'épée.

— C'est entendu.

M. Valtone et son compagnon se levèrent.

— Monsieur, dit celui-ci en s'adressant à George, je vous tiens pour un brave, et si vous êtes tué, vous emporterez là-haut l'estime du capitaine Gérard. Cela ne vous nuira pas dans l'opinion du Père Éternel. Ce petit bonhomme est monsieur votre fils, ajouta-t-il en désignant Henry, dont la tête reposait sur un coussin du divan.

— Mon ami, mon témoin, dit George.

— Au besoin votre second, ajouta le jeune homme.

— Mon petit ami, répliqua M. Gérard, si demain le soleil est trop chaud, vous pourrez vous mettre à l'ombre sous mes moustaches.

Henry se retourna nonchalamment vers le capitaine, et lui jeta, pour toute réponse, un regard si dédaigneux, que le capitaine se sentit mal à l'aise devant cet enfant. M. Valtone l'entraîna.

— Où donc en étions-nous, dit George, quand ces messieurs sont venus si mal à propos nous interrompre?

— Nous retournions à notre village, répondit tristement Henry.

— Eh bien! ajouta George avec gaîté, nous y retournerons à la manière des héros antiques. Comme eux, nous quitterons le glaive pour la charrue, et le soir, au coin du feu, nous raconterons nos batailles.

XI.

Après sa glorieuse expédition, M. Valtone se sépara du capitaine Gérard et se rendit à son hôtel. Il entra dans la chambre de sa femme. L'aspect de Noëmi, reposant paisiblement, le ramena subitement à des idées plus calmes. Madame Valtone, s'éveillant à demi,

lui tendit la main et l'attira doucement à elle.
Il la baisa au front : ce baiser le dégrisa. Il se
retira dans une chambre voisine et ne tarda
pas à s'endormir avec la conscience qu'il
avait fait une sottise. Il n'en dormit pas moins
du sommeil du juste. Il avait laissé ses fenêtres ouvertes ; l'air frais du matin le réveilla
aux premiers rayons de l'aube. Il se leva
brusquement, comme poursuivi par un mauvais rêve. Il crut en effet que c'était un rêve ;
mais en rassemblant ses souvenirs, il se trouva
face à face avec la réalité. Les fumées du vin
étaient dissipées, avec elles les belliqueuses
influences du capitaine Gérard, et bien qu'il
lui restât au cœur un vif ressentiment de
l'impunité de Bussy, il se demanda si Dieu
lui avait confié le soin de sa justice, ou
M. de Belnave celui de sa vengeance. Il en
était à regretter son échauffourée, lorsque le capitaine entra. Quand même M. Valtone eût été

CHAPITRE XI.

décidé à retirer sa provocation, l'amour-propre l'aurait nécessairement ramené à sa résolution de la veille. Une voiture attendait à la porte ; ils sortirent à pas étouffés, afin de ne pas éveiller Noëmi. M. Valtone tenait sous son manteau les deux épées qu'il avait apportées de Blanfort. Ils montèrent en voiture et se firent conduire au bois. George et Henry les attendaient à la porte de Saint-Mandé. Tout se passa de la façon la plus convenable.

Au bout de quelques heures, M. Valtone était de retour auprès de sa femme. Tous deux s'acheminèrent vers la demeure de leurs amis. Ils trouvèrent Marianna seule : M. de Belnave était sorti de grand matin. Les deux sœurs s'embrassèrent. M. Valtone avait l'air contraint : quand Marianna lui tendit la main, il se troubla et n'offrit pas la sienne. Marianna pensa que c'était mépris et son cœur se gonfla.

Quelques instans après, M. de Belnave rentra. M. Valtone évita de lui parler et mit un étrange empressement à hâter l'heure du départ; mais il était écrit là-haut que Marianna ne partirait pas.

On servit le thé : le déjeuner fut silencieux. M. Valtone ne mangea pas : il était sombre et préoccupé. Noëmi en ayant fait tout haut la remarque, il se leva avec humeur et s'approcha de la fenêtre pour voir si les chevaux de poste arrivaient.

Enveloppée de son châle, Marianna se tenait assise, les bras croisés, pâle et immobile; on eût dit la statue de la Douleur. Elle attendait, prête et résignée, et sûre en même temps que son départ ne s'accomplirait pas. Quel obstacle, quelle barrière devait surgir tout-à-coup entre elle et Blanfort? Elle l'ignorait; mais cette organisation nerveuse frissonnait sous le vague pressentiment de sa destinée.

Cependant le pavé de la cour résonnait sous

le pas des chevaux. Les postillons sifflaient en
attelant et faisaient claquer leur fouet. M. de
Belnave, M. Valtone et Noëmi s'étaient levés ; Marianna seule n'avait pas changé d'attitude. Elle était toujours à la même place, le
regard fixe, le corps immobile, comme étrangère à ce qui se passait autour d'elle. Ils demeurèrent long-temps à la contempler avec
tristesse, sans oser la rappeler au sentiment
de l'heure présente. Sa respiration devenait
inégale et rapide; son visage s'allumait; ses
yeux brillaient d'un éclat maladif.

— Ma sœur, dit enfin Noëmi en s'appuyant
tendrement sur elle, nous partons, nous retournons à Blanfort.

— A Blanfort? demanda Marianna d'un air
distrait. Ah! oui, ajouta-t-elle, — où l'on
pleure. Te rappelles-tu, Noëmi, que le matin,
en allant aux champs, nous trouvions une
larme à chaque brin d'herbe? C'est que, la
nuit, j'avais passé par là.

Madame Valtone lui prit la main et s'aperçut qu'elle avait une fièvre assez ardente.

M. de Belnave s'approcha de sa femme et lui dit :

— Ne vous sentez-vous plus la volonté de revenir avec ceux qui vous aiment ? Je vous supplie de ne pas désespérer du bonheur : j'ai besoin de tout mon courage.

— Ami, répondit Marianna, sans le regarder et comme en se parlant à elle-même; ami, vous êtes bon, vous êtes un noble cœur. Ah! le ciel m'est témoin que je n'en ai jamais douté! Je n'étais pas digne de vous. La destinée vous devait une compagne meilleure : la destinée est souvent injuste. Je prierai Dieu qu'il vous récompense de tout ce que vous avez souffert à cause de moi. Oh! oui, vous êtes un noble cœur! Ma sœur aussi est bonne; c'est un ange, ma sœur! c'est l'épouse qu'il vous fallait. Vous êtes bons tous trois, vous valez mieux que moi.

Et pourtant, je ne suis pas méchante : vous savez bien que je vous aime. Vous rappelez-vous qu'à Blanfort j'étais votre enfant? Tous trois vous m'appelliez ainsi : votre enfant, votre enfant bien triste!

— Allons, allons! s'écria brusquement M. Valtone, les postillons sont en selle; la route est longue, nous aurons le temps de causer.

— Vous serez toujours notre enfant bien-aimée, dit M. de Belnave. Venez, nous tâcherons de vous guérir.

— Oh! oui, je guérirai, dit-elle avec un mélancolique sourire. Soyez sûr que je guérirai; Mais pourquoi les chevaux ne marchent-ils pas? Il me semble que la voiture est toujours à la même place. Dieux! que le soleil est brûlant! Le ciel est embrasé; une mer de feu nous entoure. Je sais une vallée où l'air est si frais et si pur!

— A Blanfort où nous allons, ma sœur, dit Noëmi, qui cherchait à la ramener au sentiment de ses devoirs.

— Plus loin, plus loin! s'écria Marianna. Là bas, où j'ai goûté la vie, aux lieux où la vie est si belle! Regarde, Noëmi, ne vois-tu pas blanchir à l'horizon les cimes couronnées de neige? Écoute, c'est le bruit des cascades. Viens t'asseoir près de moi, sur la bruyère en fleurs : j'ai tant de choses à te dire!

M. de Belnave et Noëmi échangèrent un regard de découragement. Il se fit un long et pénible silence.

— Renvoyez les chevaux, dit enfin M. de Belnave : Marianna n'est pas en état de partir aujourd'hui.

— Ce n'est rien, absolument rien! s'écria M. Valtone avec impatience : un peu de fièvre que le mouvement de la voiture dissipera; partons.

CHAPITRE XI.

En effet, le pouls de Marianna devenait moins rapide, sa main moins chaude, son regard moins ardent.

— Oui, partons, dit-elle en reprenant ses sens. — Elle essaya de se lever, mais ses forces trahissant son courage, elle retomba sur son siége.

Au même instant, un étranger entra dans la chambre et demanda à haute voix madame de Belnave. Marianna tendit la main : il y déposa une lettre et sortit.

M. Valtone devint tremblant; M. de Belnave, par discrétion, s'éloigna de quelques pas.

Une vive anxiété se peignit sur la figure de Noëmi.

Marianna rompit précipitamment le cachet; puis, avant de déplier la lettre, elle appuya fortement une main sur sa poitrine, comme si elle eût craint que son cœur n'en brisât les parois.

Au bruit que firent les feuillets en s'ouvrant, chacun de ces quatre personnages sentit un frisson courir dans ses os.

Cette lettre était celle que George avait écrite, la veille, à madame de Belnave, alors qu'il attendait la provocation du mari. C'étaient ses derniers adieux à Marianna, ses derniers adieux à la vie : car il jurait de respecter les jours de M. de Belnave. Au bas de la dernière page, en post-scriptum, se trouvaient les lignes suivantes :

Madame,

Mortellement blessé, George voudrait vous voir avant d'expirer. Hâtez-vous.

Henry F.

Marianna lut chaque feuillet d'un seul regard. Ce fut l'affaire d'une seconde : moins rapide est la lueur de l'éclair. Elle se leva d'un bond, l'œil enflammé et la bouche tremblante. Elle marcha, comme une lionne, sur M. de Belnave, et le saisissant par le bras :

— Vous l'avez tué, s'écria-t-elle : vous êtes un infâme! Vous l'avez tué, un homme sans défense, un homme que vous aviez promis d'épargner, que vous aviez juré de ne jamais revoir! Vous l'avez tué! Ah! vous êtes infâme! Pour qui donc consentais-je à vous suivre? Pour qui retournais-je à Blanfort? Pour qui me résignais-je à reprendre ma chaîne? Était-ce pour vous ou pour lui? Eh! que me fait à moi votre Blanfort où l'on meurt? En retournant à vous, c'était lui que j'aimais. Eh bien! nous sommes quittes! Vous l'avez tué trop tard, j'avais pris soin de vous absoudre. Vous me trompiez, je vous trompais aussi. J'usurpais votre pardon, vous ne rameniez sous votre toit qu'une épouse flétrie.

Nous étions dignes l'un de l'autre ! Et maintenant, adieu ! Il était le seul lien qui m'attachât à vous. Je vous suivais pour le sauver ; pour le sauver, lui, mon sang, lui, ma vie ; je m'abaissais jusqu'à vous abuser sur ma pureté et sur mon repentir. Car, si je vous trompais, ne croyez pas que ce fût lâcheté, remords ou retour de tendresse ! Je n'étais lâche que pour lui. Mon seul remords était de le quitter. En le quittant, je lui laissais toute mon âme. Maintenant que vous l'avez tué, je ne vous crains ni ne vous aime. Bourreau, je ne te connais plus !

Elle sortit sans que personne songeât à la retenir. M. de Belnave demeura à la même place, sans voix, sans mouvement, atterré, foudroyé, changé en pierre. Noëmi se crut un instant le jouet d'un horrible rêve ; mais ayant tourné les yeux vers M. Valtone, elle comprit tout aux traits bouleversés de son mari, et se frappant la poitrine avec désespoir :

— Ah! malheureux, s'écria-t-elle, c'est toi qui nous as tous perdus!

XII.

Si vous avez aimé; si l'âge des regrets a remplacé pour vous la verte saison des espérances; s'il ne vous reste plus que des sentiers effeuillés où croissent seulement, sous les gazons flétris, les pâles fleurs d'automne, laissez tomber ce livre, et vous-même achevez, avec vos souvenirs, cette triste et longue histoire. Qui de vous ne porte, ensevelis dans le linceul de sa jeunesse, des liens rompus, des affections éteintes? Qui de vous n'a pas en lui des voix qui pleurent et qui lui diront comment se brisent les amours de la terre?

George ne mourut pas. La blessure était grave, mais non mortelle. Ses jours furent en danger; mais le zèle éclairé de la science, et mieux encore la sollicitude d'Henry et de Marianna, le rappelèrent à la vie. Ce fut à son chevet qu'ils se virent pour la première fois. Ces deux cœurs, qui jusque alors avaient vécu étrangers l'un à l'autre, se fondirent dans un même sentiment de désespoir et de tendresse; ils se rencontrèrent dans Bussy. Tous deux se disputèrent la gloire de le sauver, et tentèrent de se dérober mutuellement leur part de dévoûment. Mais vainement Henry supplia madame de Belnave de se reposer sur lui du soin

de veiller sur leur ami, vainement Marianna
insista pour que cet enfant se retirât parfois
et prît quelque sommeil : ni l'un ni l'autre
ne consentit à céder sa place près du lit du
blessé.

Durant les premiers jours, tout leur être
fut exclusivement absorbé par d'inexprimables
angoisses. Ils échangèrent à peine quelques
paroles, de furtifs regards de terreur. Madame
de Belnave ne songeait même pas à se demander quel était ce jeune homme qui partageait
avec elle le douloureux bonheur de veiller
son amant : Henry, de son côté, ne s'inquiétait pas de savoir si Marianna était jeune et
belle, et digne de l'amour qu'elle avait inspiré. Leur vie tout entière semblait suspendue au souffle d'un mourant. Cependant les
symptômes alarmans disparurent; l'inflammation s'éteignit; la blessure se ferma. Un
rayon d'espoir éclaira ces deux âmes qui ne

se connaissaient encore que pour s'être nourries silencieusement de la même douleur. Dès-lors, elles s'observèrent l'une l'autre avec intérêt ; échappées au même danger, elles se reconnurent pour sœurs au jour de la délivrance, et ne tardèrent pas à se répandre en fraternels épanchemens.

La convalescence de Bussy fut longue. Henry et Marianna passèrent ensemble à son chevet bien des nuits sans sommeil. Une fois rassurés sur le sort d'une tête si chère, ils trouvèrent à ces longues veillées mille charmes qui en abrégeaient les heures et en allégeaient la fatigue. Quand George reposait doucement, et que sa respiration, paisible et mesurée, permettait à ses deux amis l'espérance et la sécurité, retirés dans un coin de la chambre, à la lueur voilée de la lampe, tous deux s'entretenaient à voix basse et mêlaient leurs confidences dans le silence de la nuit. Marianna aimait tout ce que disait Henry, car les discours de ce jeune homme étaient pleins du nom de Bussy, et l'image adorée y revenait sans cesse. Elle aimait à le voir remonter le cours de ses années, à chercher avec lui, sur chaque rivage, les traces que George y avait laissées. Elle se plaisait aux suaves récits des joies de leur enfance. Elle lui faisait raconter l'histoire de leur intimité, et cette histoire, Henry ne la racontait pas, il la chantait comme un poëme : car il était encore à cet âge où le cœur épanche dans l'amitié l'amour sans but qui le tourmente. Marianna écoutait avec ravissement le langage exalté de cette tendresse. Intérieurement, elle remerciait Henry d'exprimer ce qu'elle n'eût pas osé dire elle-même. Elle s'entendait parler en l'écoutant. Et puis, dans l'affection passionnée de cet enfant pour l'homme qu'elle aimait, n'entrevoyait-elle pas en même temps la justification de sa faiblesse? N'était-il pas digne de tant d'amour, cet homme qui savait inspirer des sentimens si nobles et si chevaleresques? Etait-elle donc criminelle en l'aimant? Et, sans y songer, elle ramenait Henry sur les mêmes détails, le suivant pas à pas, heureuse, enivrée d'orgueil, et comme suspendue à ses lèvres.

Puis venait son tour de parler. Elle disait comment elle avait rencontré George à Bagnères, par quel attrait irrésistible elle s'était sentie attirée vers lui, quelles chastes délices avaient présidé aux premiers jours de cette liaison. Elle disait aussi les sombres tristesses qui l'avaient consumée avant de le connaître; qu'elle avait voulu mourir, et qu'enfin il était venu lui révéler la vie. Elle disait toute son âme; et quand parfois elle s'effrayait des suites de son égarement, elle cherchait une excuse dans le cœur d'Henry : bien sûre de trouver un encouragement, elle demandait si George ne méritait pas le sacrifice d'une existence tout entière. Et parfois alors elle feignait le doute, pour se laisser combattre ; elle s'accusait, pour qu'on la justifiât ; de son confident elle faisait un complice.

Henry l'écoutait avidement et buvait déjà aux sources amères. Marianna était si belle et si étrange ! si prompte à l'enthousiasme, si soudaine en ses affections ! Il y avait si bien en elle tout ce qui peut émouvoir et troubler une imagination de vingt ans ! D'autant plus dangereuse que chez elle la passion absorbait le sexe, et qu'elle se livrait avec un incroyable abandon à tous les mouvemens de son cœur. Déjà, elle appelait Henry du doux nom de frère ; elle l'associait à tous ses rêves d'avenir. A cette âme long-temps comprimée l'être aimé ne suffisait pas. Il lui fallait en même temps une âme d'élection dans laquelle elle pût aimer une seconde fois son amant. Elle aurait voulu que le monde entier fût Bussy, tant elle sentait en elle-même un amour profond, immense, un amour à contenir le monde. D'ailleurs, il lui semblait qu'entre elle et George Henry serait un lien de plus, et que, gardien de leur tendresse, il en nourrirait la flamme. Il aurait sa part de leur bonheur; il s'asseoirait, comme un hôte, au banquet de leurs félicités; en partageant leurs joies, il les compléterait.

Henry s'abandonnait sans défiance au charme de ces entretiens; mais à son insu, il y perdait déjà la sérénité de sa jeunesse. Il sentait éclore en lui des désirs sans but; déjà, il se demandait d'où pouvait venir cette inquiétude sans nom qui l'agitait parfois.

Il arriva qu'une nuit madame de Belnave, épuisée d'insomnie, succomba; ses paupières se fermèrent, sa tête se pencha doucement

CHAPITRE XII.

sur son épaule, et le sommeil la prit ainsi et
l'enveloppa de ses invisibles ailes. Son pâle
visage, qu'éclairait la clarté mate de la lampe,
reposait au milieu des boucles épaisses de
sa chevelure. De ses lèvres entr'ouvertes un
souffle pur s'exhalait; son sein se soulevait
et s'abaissait tour à tour, comme la vague mollement bercée par la brise. Une de
ses mains étreignait les doigts amaigris de
George; sur l'autre, son front s'inclinait chargé de fatigue, mais encore rayonnant d'amour.
George était plongé dans une léthargie profonde : Henry veillait seul. Tant que dura le
sommeil de Marianna, cet enfant demeura
debout à les contempler avec un indéfinissable sentiment de souffrance, se disant que
cette femme était bien belle, cet homme bien
heureux, et que ce n'était pas trop d'un coup
d'épée dans la poitrine pour payer un si grand
bonheur.

Une autre nuit, Henry s'était endormi sur le divan. Vers le matin, l'air fraîchissant, Marianna jeta sur lui son châle et l'en couvrit comme d'un manteau. Par je ne sais quelle perception, Henry, en s'éveillant, devina, sans le voir, le frêle tissu qui l'enveloppait. Il frissonna des pieds à la tête, et feignit de dormir encore, pour cacher son trouble et s'enivrer en même temps du mystérieux parfum qui le pénétrait. En effet, ce fut d'abord une sensation enivrante, mais par degrés son sang s'alluma, ses artères battirent à coups redoublés, une chaleur dévorante lui monta du cœur au cerveau. Il lui semblait avoir revêtu la robe de Déjanire. Sans rien comprendre à ce malaise, il se dégagea violemment et se leva d'un air effaré. Marianna lui ayant demandé la cause de ce brusque réveil, il répondit, en rougissant, qu'il avait fait un mauvais rêve.

CHAPITRE XII.

La convalescence de George fut pour les trois amis un temps de sécurité, d'illusion et de confiance. George était dans cet état, plus doux que la santé, où l'âme, affaiblie par la douleur, n'a de facultés que pour se sentir vivre et vit tout entière dans le sentiment de sa conservation. Il ne chercha pas à se rendre compte de la présence de Marianna ; ce fut pour lui comme un rayon du soleil à son chevet. Lorsqu'on lui expliqua la rupture de madame de Belnave avec son mari, il accepta cet événement sans en prévoir les conséquences, sans se rappeler que, quelques jours auparavant, il avait tout fait pour le conjurer. De son côté, madame de Belnave vivait tout entière de la vie de son amant. La guérison de Bussy remplissait si bien ce cœur, que le remords n'y trouvait pas de place. Elle savait que son mari n'était point coupable du sang répandu : les lettres de Noëmi, aussi bien que les discours d'Henry, avaient tout révélé. Mais il n'était plus temps de revenir sur un fait accompli, et, dans le mystère de ses pensées, peut-être Marianna s'applaudit-elle alors d'une erreur qui l'avait autorisée à briser pour jamais les liens qui l'eussent enchaînée à Blanfort.

M. de Belnave, M. Valtone et Noëmi avaient quitté Paris sans qu'elle eût consenti à les revoir. Quelques jours après leur départ, elle écrivit à son mari une lettre pleine de dignité; la réponse fut plus digne encore. La séparation des deux époux s'accomplit librement, d'un mutuel accord, sans l'intervention scandaleuse de la loi. Avec la liberté, M. de Belnave restituait à sa femme la dot et toute la fortune qu'elle avait apportée à la communauté, se réservant seulement, dans l'intérêt de Marianna, l'administration de ses biens, et s'engageant à lui en servir le revenu. De si nobles procédés ne s'adressaient pas à une âme ingrate, et Marianna fut touchée sans doute ; mais l'étourdissement et l'ivresse de la passion lui permirent à peine de les apprécier dignement. Elle profita des premiers loisirs que lui laissa la santé de Bussy pour s'occuper de son installation. Elle choisit sur le quai, non loin de l'hôtel qu'habitaient George et Henry, un petit appartement qu'elle fit disposer elle-même avec un goût exquis. Mariette était demeurée avec sa maîtresse, moins à la sollicitation de Noëmi qu'à l'instigation de son propre cœur. C'était une fille de la Creuse; élevée à la Vieilleville avec les deux sœurs, elle avait conservé pour la plus jeune un attachement véritable, et sans s'informer des desseins de Marianna, elle l'aurait suivie aveuglement jusqu'au bout du monde.

Il semblait qu'avec la vie George eût retrouvé la jeunesse. Faible encore et languissant, il souriait aux projets que lui soumettaient ses deux amis. Il se laissait bercer par leurs douces paroles; souvent il y mêlait les siennes, et c'était un touchant spectacle que l'association de ces trois âmes unies par tout ce que Dieu a mis de plus saint dans sa créature, par l'amour et par l'amitié. Mais il n'est pas donné à l'homme de se reposer dans un pareil bonheur. Ce bonheur est au ciel, et, la terre n'en a que le rêve.

L'heure du désenchantement devait sonner pour Bussy. Cette heure arriva, et George entrevit nettement la position dans laquelle il était engagé. Ses yeux se dessillèrent; son égoïsme, un instant assoupi, se réveilla en poussant un cri de révolte. Mais vainement il s'agita dans le cercle inflexible qui le pressait de toute part; Bussy comprit bien vite qu'il était aux prises avec l'irréparable : il se soumit, il accepta avec courage la position qu'il ne pouvait éluder sans honte.

Ce courage lui fut d'abord aisé; la vanité pansa les blessures de l'égoïsme. Les dernières aventures de George avaient eu, dans un certain monde, quelque retentissement. On savait vaguement qu'une femme jeune et belle avait tout sacrifié pour le suivre. Cette histoire se racontait diversement; mais de quelque façon qu'on la racontât, chaque récit mettait au front de Bussy une auréole poétique. Les femmes, qui sont si indulgentes pour les faiblesses voilées, ne pardonnent pas aux fautes éclatantes qui semblent dénoncer leur sexe à la défiance. Elles blâmaient hautement Marianna; mais George éveillait en elles de mystérieuses sympathies. Un intérêt romanesque s'attacha bientôt à son nom : on s'entretint de ses voyages, de ses duels et de ses amours. George accepta par amour-propre le rôle que lui imposait le monde. Il fut amené par l'orgueil à le prendre lui-même au sérieux. Ainsi, Marianna put croire à la réalisation de ses rêves, et les premiers jours furent resplendissans de bonheur.

Henry ne tarda pas à s'éloigner de ses amis. Le bonheur et l'amour sont si essentiellement égoïstes, que les deux amans remarquèrent à peine les changemens qui s'opérèrent alors dans ce jeune homme. Cependant, madame de Belnave le questionna plusieurs fois avec la tendresse d'une mère. Mais l'enfant savait-il ce qui se passait en lui?

Les jours heureux se comptent vite. George fut bientôt las de son rôle; bientôt son cœur s'affaissa de découragement, de fatigue et d'ennui. Cet homme fut justement puni. L'amour, cette source divine de dévoûmens et de sacrifices, n'avait été pour lui qu'un puits d'orgueil et d'égoïsme : quand ses lèvres voulurent y boire, elles ne trouvèrent que du gravier. Mais Marianna, grand Dieu! que devint-elle, lorsqu'elle vit pâlir ce bonheur auquel elle avait tout sacrifié? Que devint-elle, hélas! lorsqu'elle sentit la tendresse de George se glacer et que ni ses baisers, ni ses larmes ne purent la ranimer? Elle crut que le soleil s'éteignait dans le ciel et que la terre lui manquait sous les pieds.

George tenta de longs efforts pour tromper Marianna. Dans les âmes épuisées, mais honnêtes, il survit à la passion un instinct de loyauté tout aussi impérieux que la passion même. Mais ce n'était pas Marianna qu'on pouvait abuser de la sorte. Les cœurs qui n'aiment pas sont les seuls qui se prennent aux semblans d'amour. Nul ne saurait dire le désespoir de Bussy lorsqu'il comprit qu'il ne pouvait plus rien pour la destinée qu'il avait brisée; nul ne saurait dire ce qu'il endura de remords, avec quelle rage il se débattit sous le sentiment de son impuissance. Que de fois, dans l'amertume de ses pensées, il regretta de n'avoir pas succombé à sa blessure! Que de fois il blasphéma les soins qui l'avaient sauvé! Que de fois il répéta avec une sombre tristesse ces paroles qui lui étaient échappées un soir : — mieux vaut s'ensevelir dans la fraîcheur de ses illusions renaissantes que de survivre à une seconde ruine!

Au lieu de ménager par une tendresse indulgente cette âme fatiguée, madame de Belnave acheva de l'épuiser par d'imprudentes exigences. Sa passion inexpérimentée consuma en quelques mois les derniers débris de cette nature appauvrie. Ses espérances trompées s'exhalèrent en emportemens. Pleine d'ardeur, de sève et de jeunesse, pouvait-elle comprendre que le cœur vieillit, s'use et meurt comme toute chose ici bas?

George supporta d'abord patiemment ces révoltes d'un esprit justement irrité. Mais bientôt son caractère s'aigrit, son humeur s'altéra. La douleur de Marianna lui devint odieuse; l'ennui le rongea jusqu'aux os. Il faut que cet ennui, qui naît de l'obsession d'une affection non partagée, soit quelque chose de bien atroce, puisqu'il pervertit les plus nobles instincts, et qu'il étouffe même, dans l'âme qu'il étreint, tout sentiment de pitié, de convenance et de délicatesse. Sans admettre qu'il pût jamais se séparer de madame de Belnave, Bussy se montra dur, colère, acerbe, impitoyable. Marianna pleurait et se retirait chaque jour avec la mort dans le cœur, mais aussi avec l'espoir que George l'aimerait le lendemain. Parfois en effet George semblait reprendre à l'amour; parfois encore, comme des rayons de soleil à travers la pluie, de beaux jours luisaient sur leur vie tourmentée : mais ce n'étaient que des lueurs passagères qui s'éteignaient dans de nouveaux orages, et la lutte recommençait.

Ce fut alors qu'Henry se rapprocha de ses amis : leur bonheur l'avait éloigné, leur malheur le rappela. Marianna répandit tout son cœur dans celui de ce jeune homme; et, s'il est vrai qu'à son insu Henry fût épris déjà de madame de Belnave, son amour, qui se serait effarouché de son propre aveu, put grandir tout à son aise sous le manteau de la pitié.

Entre les deux amans, la position devenait de moins en moins tenable. L'idée de la séparation finit par se présenter à l'esprit de Bussy, mais il la repoussa avec horreur. Pouvait-il, sans se condamner à un remords éternel, abandonner lâchement madame de Belnave dans la voie funeste où il l'avait entraînée?

Cependant George comprit qu'il en avait décidément fini avec l'amour; que l'amour n'est pas la vie tout entière, et que l'heure était arrivée pour lui de diriger ses facultés vers un

CHAPITRE XII. 343

autre but. Il sentit que Marianna était une entrave qu'il fallait briser à tout prix. Ce serait sans doute une action mauvaise, mais la nécessité justifie tout. Il rassura sa conscience alarmée ; madame de Belnave souffrirait moins d'une rupture que d'une liaison d'où s'était retiré tout espoir, et mieux valait en finir d'un seul coup que de prolonger un si cruel martyre. Il se dit qu'il y avait un monstrueux égoïsme à torturer ainsi cette femme, et que, ne pouvant rien pour elle, il devait la rendre à la liberté. Il se dit aussi que madame de Belnave se trouvait dans une position de fortune indépendante, qu'elle était assez jeune encore pour se refaire une vie nouvelle, qu'elle le bénirait plus tard de l'avoir délivrée d'une passion fatale où se consumait sa jeunesse. D'ailleurs, il se promettait bien de demeurer pour elle un frère et un ami. Leur affection, en changeant de nature, n'en serait pas moins éternelle; le fond en resterait le même. Il veillerait sur Marianna; sa sollicitude pour elle ne connaîtrait point de bornes : l'amitié tiendrait les sermens de l'amour. Ainsi modifiée, leur union rapporterait plus de bonheur. En perdant le droit d'être exigeante, Marianna apprécierait davantage la tendresse de George. Affranchie du devoir, la tendresse de George deviendrait plus douce et plus expansive. Enfin, il écouta toutes les voix qui le poussaient à rompre sa chaîne. Il fit si bien, qu'il arriva à trouver l'excuse du coup qu'il méditait dans la conduite même de Marianna vis-à-vis M. de Belnave. Ils se dit que si Marianna n'était pas coupable pour s'être séparée d'un mari qu'elle n'aimait pas, il ne saurait être plus criminel lui-même en se séparant d'une maîtresse qu'il n'aimait plus.

Décidé à rompre, il mit tout en œuvre pour

hâter l'heure de sa délivrance. Mais cette heure se fit long-temps attendre. Plus George se détachait de Marianna, plus l'infortunée se cramponnait à son idole. La chaîne se tordait, mais ne se brisait pas. L'amour est opiniâtre et ne sait pas mourir. Brisée, meurtrie, foulée aux pieds, Marianna se relevait avec le sourire sur les lèvres; elle baisait la main de son amant; elle pleurait aux genoux de George. Les scènes de désolation se renouvelaient chaque jour. Enfin, par une nuit sombre, dans la chambre de Bussy, alors que le vent sifflait tristement et que la pluie fouettait les vitres, une scène éclata qui les résuma toutes, et ce fut la dernière.

Dénouement si facile à prévoir, que nous n'avons pas craint de le placer en tête de ce livre, comme une lueur sinistre destinée à en éclairer les pages!

On se souvient qu'après avoir dit un dernier adieu à Bussy, après l'avoir prié de pardonner le mal qu'elle avait pu lui faire, — car, en amour, c'est toujours la victime qui s'accuse et qui s'humilie, — madame de Belnave sortit, appuyée sur le bras d'Henry. Elle s'offrit avec une joie sauvage au vent humide et froid du matin. Elle marchait la tête haute, enivrée de ses pleurs, exaltée par son sacrifice. Mais, à peine entrée dans sa chambre, elle sentit tomber sur ses épaules l'air glacé de la solitude. Son cœur se serra et ses forces l'abandonnèrent. Alors, elle se rappela son village; elle se rappela son époux, Noëmi, son beau-frère, ces trois nobles âmes qu'elle avait délaissées. Un horrible désespoir s'empara d'elle, sa poitrine se souleva et elle éclata en sanglots.

— Ah! ma pauvre maîtresse, dit Mariette qui lui embrassait les genoux, nous étions plus heureuses à Blanfort!

CHAPITRE XII.

— Va-t-en ! s'écria Marianna en la repoussant, va leur dire qu'ils sont bien vengés! Va leur dire que j'ai tout perdu, qu'il ne me reste plus qu'à mourir !

— Nous mourrons ensemble, madame, dit Mariette en pressant Marianna sur son sein...

Henry prit la main de madame de Belnave et la porta silencieusement à ses lèvres.

— Cher enfant! dit-elle en levant vers lui ses yeux baignés de larmes, que Dieu vous garde de pareilles douleurs !

XIII.

Le soir du même jour, George était assis au coin de son feu, moins préoccupé de la destinée qu'il venait de faire à Marianna que de celle qu'il avait, sans le vouloir, préparée à son jeune ami. Henry le trouva plongé dans ces réflexions. Il entra d'un air grave, prit place devant le foyer, et se mit à remuer silencieusement la braise, dont les reflets rougeâtres éclairaient seuls la chambre. Ils demeurèrent long-temps sans échanger une parole.

— Tu m'as trouvé bien dur et bien cruel, dit enfin Bussy. C'est que, jeune et plein d'illusions, tu crois avoir assisté à quelque exception malheureuse. Puisses-tu ne jamais comprendre que le drame qui s'est joué devant toi est un abrégé de l'histoire de la passion ! Ce que Marianna souffre, avant elle je l'avais souffert ; Marianna se vengera plus tard. Ah ! si tu savais de combien de douleurs je fus abreuvé, tu me pardonnerais peut-être ! Si tu pouvais savoir ce que mes yeux ont versé de larmes, tu t'étonnerais moins de les trouver secs et arides ! Toi, cher Henry, tu seras plus heureux. Le malheur de tes amis n'aura pas été stérile : tu auras l'expérience de leurs

maux; ta raison germera, fécondée par leurs
pleurs; le souvenir de leurs tortures réprimera en toi cette bouillante impatience d'aimer qui tourmente toute jeunesse. Aimer est
chose difficile : pour l'aborder, crois-moi, ce
n'est pas trop de toute l'énergie d'une virilité
puissante. Garde-toi surtout de ces liaisons
funestes où tout n'est que désordre et déchirement. Ne jette pas les trésors de ton âme
au vent de l'adultère, à ce vent qui flétrit tout
ce qu'il touche, qui passe, comme le feu du
ciel, sur la famille, la dispersant ou semant
dans son sein la honte, le désespoir et les plaies
cachées qui le rongent. Réserve-les pour une
affection sainte et durable, pour la femme que
tu pourras un jour aimer et protéger à la face
du monde. Insensés que nous sommes, nous
avons fait du mariage une fin misérable que
nous tâchons d'éluder sans cesse, comme s'il
n'était pas, au contraire, le but vers lequel

doivent tendre toutes les facultés, toutes les ambitions de l'homme!

— Mon cher George, répondit Henry en souriant, prenez-vous votre fauteuil pour une chaire? Je ne vous avais encore vu ni si prêcheur ni si ennuyeux.

— C'est que tu m'inquiètes, Henry! C'est que sachant la vie, je voudrais t'épargner la peine de l'apprendre. L'expérience me serait moins amère, si je pouvais la faire servir à diriger tes pas. Oui, tu m'inquiètes! Te voilà déjà bien triste et bien rêveur! Tu fuis tes amis, tu recherches la solitude. Que se passe-t-il en ton âme? Méfie-toi de ces vagues tristesses qui finiraient par t'énerver. Résiste au dangereux penchant qui t'entraîne à la rêverie; travaille, mûris-toi dans l'étude, et que je puisse revivre en toi une seconde vie, plus utile, mieux remplie, moins tourmentée que la première.

— En vérité! s'écria Henry, si vous aviez la barbe blanche de Mentor, je me prendrais pour Télémaque. Poursuivez, éloquent vieillard : la sagesse parle par votre bouche.

— Je crois que tu te moques de moi? dit Bussy ; parlons sérieusement. Depuis six mois tu ne fais rien. Cependant, il serait prudent de songer à ton avenir. Cette année est la dernière de ton séjour à Paris...

— Pourquoi donc la dernière? interrompit brusquement le jeune homme.

— Il me semble, reprit George, que ton Droit s'achève cette année.

— Eh bien! demanda Henry.

— Eh bien! ton droit achevé, tu retourneras au pays. Ne m'as-tu pas dit vingt fois que ton père te destinait l'étude de maître Planet, et, dernièrement encore, qu'il ne t'avait envoyé à Paris que sous la condition expresse que tu reviendrais, au bout de trois ans, cultiver la procédure dans l'étude du maître, en attendant le jour où tu pourrais le remplacer?

— Dans un an, je serai majeur, dit Henry avec assurance, et d'un air presque mutin.

— Oui, tu auras l'âge de raison, répliqua Bussy, et tu en profiteras pour faire une sottise. Mais je connais ton père; le cher homme ne consentira pas à t'entrenir plus long-temps à Paris. Il te coupera les vivres et te prendra par la famine.

— Et la fortune de ma mère?

— Ta mère était pauvre comme la mienne.

— Eh mes bras? et mon cœur? et ma tête? N'est-ce donc rien que tout cela? Je travaillerai; je ferai comme tant d'autres qui ont souffert et combattu, et qui n'ont pas succombé dans la lutte. Allez, j'ai bon courage! Pensez-vous que la misère m'effraie? Mieux vaut vivre ici misérable que d'aller s'enterrer là-bas, dans l'antre de la chicane.

Que l'année s'achève, je ne partirai pas.

— Tu n'as pas toujours parlé ainsi, dit George. Je t'ai connu plus modeste dans tes ambitions, plus docile à la volonté paternelle D'où te vient cette sainte horreur de la province, ce violent amour de la capitale? Te voilà bien changé, Henry !

— C'est possible, répondit le jeune homme en rougissant. Mais vous-même, Bussy, vous ne m'avez pas toujours tenu ce langage ! Que de fois ne vous ai-je pas vu sourire, lorsque je vous entretenais de l'avenir que me réservait mon père !

— Écoute, Henry ! dit George en élevanct la voix et d'un ton solennel : Ta mère, qui fut aussi la mienne, ta sainte mère, au lit de mort, me confia le soin de ta destinée. Je n'étais alors qu'un enfant ; mais je n'ai pas oublié ses paroles. Quand je paraîtrai devant elle, j'aurai à lui rendre compte du dépôt qu'en mourant elle m'a donné à garder. C'est donc en même temps de ton bonheur et du mien qu'il s'agit à cette heure. Le parti que tu prendrais contre toi-même, tu le prendrais aussi contre moi. Nous sommes responsables l'un de l'autre. Eh bien! si tu m'aimes, tu renonceras aux folles idées qui te perdraient, tu reviendras à des intentions plus sages. En persistant dans ta funeste résolution, tu me laisserais le remords éternel d'avoir poussé pour toi l'indulgence jusqu'à la faiblesse. Tu ne voudras pas me faire repentir de t'avoir trop aimé, Henry!

— Mais, George, s'écria celui-ci, vous savez bien vous-même que le bonheur ne m'attend point là-bas!

— Je sais que le malheur est ici qui t'attend. Ah! tu ne les connais pas, ces luttes que défie ton ardeur! tu revêts la misère d'imaginations poétiques, et tu t'écries avec enthousiasme que la misère ne t'effraie pas. La misère est affreuse, Henry! C'est un monstre hideux qui flétrit lentement le cœur qu'il étreint de sa main de glace. Tu as foi en ton courage ; mais sais-tu seulement si tu as du courage? Parle : jusqu'à présent, quels combats as-tu soutenus? Quels mauvais jours as-tu traversés? A quelles épreuves t'a soumis le sort? Tu n'as encore rencontré sur ta route que des visages amis et des regards bienveillans. Disparaisse le charme de jeunesse qui t'environne; arrive l'heure où tu te sentiras seul, sans autre appui que toi-même, aux prises avec la nécessité, corps à corps, avec le destin, et nous verrons alors si tu as vraiment du courage! Va, pauvre enfant, de plus forts que toi ont succombé sans profit et sans gloire. C'est qu'il faut de robustes épaules pour s'ouvrir un passage au travers de la foule, une volonté de fer pour écraser les obstacles et conquérir une place au soleil. Et combien de ceux-là qui, après l'avoir conquise au prix du repos, ont trouvé leur soleil bien pâle et se sont tournés avec regret vers le champ de leurs pères! La médiocrité est bonne : heureux trois fois le cœur modeste qui sait la comprendre et l'aimer!

— George, dit Henry d'un ton pénétré, vous avez été pour moi le plus tendre des frères. L'âme de ma mère doit être satisfaite. S'il m'arrive malheur, je serai seul coupable. Je vous aime, George, et Dieu sait qu'il m'en coûte de me montrer rebelle à vos conseils. J'apprécie vos intentions prudentes, mais je ne saurais m'y soumettre. Mon parti est irrévocablement pris : je ne partirai pas.

Bussy se leva et se mit à marcher dans la chambre. Henry demeura à la même place, le front appuyé contre le marbre de la cheminée.

CHAPITRE XIII.

— Henry, dit George enfin après un long silence, est-il vrai que tu m'aimes ? Puis-je compter sur ton affection en échange de toute la mienne?

— George, vous le pouvez.

— Eh bien! Henry, je suis triste, chagrin, ennuyé; l'hiver est long, Paris est sale. Je t'ai toujours connu avide et curieux de voyages. Partons, allons chercher le soleil sous des cieux plus indulgens. Tiens, ajouta-t-il en lui jetant une carte du monde; tout le globe est à nous : Grenade, Florence, Venise, et la Grèce où tant de fois ont voyagé nos songes! Parle, ordonne, choisis; à la voiture qui doit nous emporter attèle ton caprice. Je te suivrai partout.

Et comme Henry restait muet :

— Que réponds-tu à cette proposition, jadis sollicitée par toi avec une si vive impatience?

— Mais, George, y songez-vous? dit le

jeune homme d'un air contraint. Si vous souffrez, Marianna souffre aussi ; ses blessures sont toutes vives, et ne serait-il pas cruel à moi, seule consolation qui lui reste, de la délaisser à cette heure? Vous-même n'y consentiriez pas.

— Ainsi, répliqua Bussy, tu prends parti pour elle contre moi?

— Me conseilleriez-vous de me décider pour la force contre la faiblesse?

— Et tu refuses de m'accompagner?

Henry ne répondit pas.

— Tu refuses de m'accompagner, moi ton ami, moi, ton frère; moi, ton vieux camarade, qui, pour t'épargner un chagrin, irais à pied au bout du monde! Comment veux-tu que je parte sans toi? Et toi-même, Henry, comment vivras-tu durant mon absence? Nous nous sommes faits l'un de l'autre une si longue et si douce habitude! Ah! viens, ne nous séparons pas. Pense donc au bonheur de visiter ensemble quelqu'une de ces belles contrées aimées du ciel et des poëtes!

Et comme Henry restait muet :

— Ainsi, tu m'accompagnes? dit George avec hésitation.

Henry ne répondit pas.

— Aussi bien, poursuivit George, si la pitié seule te retient, crois-moi, tu peux partir sans remords. Le temps seul guérit les plaies de l'amour, et la vraie pitié se tient à l'écart.

— Merveilleux système pour absoudre l'égoïsme impitoyable! s'écria le jeune homme avec ironie.

— Moins merveilleux que le tien pour servir la passion hypocrite, répliqua froidement Bussy.

Ces deux phrases jaillirent et se croisèrent comme deux glaives. A la lueur que jetait le foyer, George et Henry se regardèrent l'un l'autre avec effroi.

— Ah! tu pleures sur Marianna! s'écria Bussy avec emportement. Va, va, garde tes larmes; tu les retrouveras plus tard. Ah! tu pleures sur Marianna! répéta-t-il. Va, ce n'est pas elle qu'il faut plaindre, mais bien le jeune insensé qui lui apportera son cœur en holocauste. C'est celui-là que je plains; c'est lui que je voudrais sauver. Car il ne sait pas ce que l'avenir lui réserve; il ne sait pas que j'ai tari la source où tendent ses lèvres avides. Il ignore, le malheureux, que j'ai semé la mort dans son sein, et que c'est lui qui la recueillera; qu'elle l'abreuvera de tout le fiel dont je l'ai abreuvée; qu'il souffrira tout ce qu'elle a souffert; qu'elle sera sans pitié pour lui, comme j'ai été sans pitié pour elle. Il ne sait rien, te dis-je! A ce fatal amour il laissera sa jeunesse, comme les troupeaux leur laine aux buissons. Il y perdra tout orgueil et toute dignité. Il en sortira meurtri, flétri, brisé; il aura des jours où il se déchirera la poitrine avec ses ongles, où il maudira les flancs qui l'on porté. Ses joies même auront été mêlées d'amertume; le souvenir de ses douleurs s'étendra sur le reste de sa vie comme un crêpe funèbre. Ah! pauvre enfant, que de tristesse! que ta croix sera lourde à porter; ton calvaire rude à gravir! Que de fois, les pieds en sang et le visage en sueur, tu te rappelleras avec désespoir les cris que l'expérience aura vainement poussés pour t'arrêter!

Après avoir essuyé d'un air impassible ces paroles de Bussy, Henry se leva gravement, et, prenant un flambeau, il se retira en silence.

George demeura quelques instants immobile, le regard attaché sur la porte par laquelle il était sorti.

— Aime et souffre, dit-il enfin; accomplis ta destinée : c'est celle des nobles âmes.

— Puis, s'accoudant sur une table : — O

poëte! tu l'as dit, s'écria-t-il, l'amour est le mal de la jeunesse, mais la guérison est encore plus amère. Jeunesse, amour, printemps et soleil de la vie! je vous dis un dernier adieu. L'éternel hiver et l'éternelle nuit ont commencé pour moi, et tu me restes seule, ô liberté! inutile trésor que je ne perdrai plus!

FIN DU PREMIER VOLUME.

SOUS PRESSE :

LE

DOCTEUR HERBEAU,

2 Vol. in-8. — Prix : 15 fr.

www.ingramcontent.com/pod-product-compliance
Lightning Source LLC
Chambersburg PA
CBHW050533170426
43201CB00011B/1405